LE

COLONEL DENFERT A BELFORT

(Extrait des Mémoires de la Société d'Emulation du Doubs.)

Séance du 8 juin 1878.

BESANÇON, IMPRIMERIE DODIVERS ET Cⁱᵉ. GRANDE-RUE, 87.

LE

COLONEL DENFERT

A BELFORT

PAR

Le baron DE PRINSAC

ANCIEN OFFICIER D'ÉCLAIREURS DE L'ARMÉE DE BELFORT
CHEVALIER DE LA LÉGION D'HONNEUR.

———

Avec une carte et le plan des positions de Belfort.

PARIS

LIBRAIRIE MILITAIRE DE J. DUMAINE
Rue et passage Dauphine, 30.

BESANÇON

LIBRAIRIE DE CHARLES MARION
Place Saint-Pierre, 2 et 4.

—

1878

LE

COLONEL DENFERT A BELFORT

I

MESSIEURS,

La France vient de perdre un homme dont elle doit se souvenir. L'Alsace et la Franche-Comté tiendront, en particulier, à ne pas l'oublier : nous voyons, en effet, Montbéliard lui élever un monument ; à Belfort, l'ancienne redoute de Bellevue s'appelle déjà DENFERT-ROCHEREAU.

Denfert, Belfort, — l'histoire ne séparera jamais ces deux grands noms ; car si Belfort, la ville héroïque, a pu rester française, c'est grâce à la belle défense dirigée par le colonel Denfert. Avant Denfert, croyait-on, il fallait résister à l'abri des vieux remparts, ou du moins on n'osait rien tenter au delà d'ouvrages solides. Il jugea hardiment que les murailles ne suffisaient plus et qu'on devait porter plus loin l'effort.

Dès 1865, il réclamait inutilement, hélas ! une fortification permanente aux *Perches, Hautes* et *Basses :* l'avenir prouva trop qu'il était bien inspiré, et aujourd'hui l'on s'étonne que deux points d'une telle importance, véritables clefs de la place, aient été négligés si longtemps. Les *Perches*, dominant le *Château*, peuvent assez vite le réduire ; or, le *Château* emporté, il faut que la ville se rende. Denfert arracha au conseil de défense la résolution d'utiliser ces ouvrages imparfaits ; ils ne tombèrent au pouvoir de l'ennemi que le 8 février 1871, et encore parce que notre artillerie manquait d'obus.

On s'était obstiné à ne point occuper *Bellevue :* il y mit des troupes ; *Bellevue* constitua le premier objectif de l'armée alle-

1

mande, qui, malgré trois parallèles, ne put s'en emparer. Le colonel Denfert avait compris que, maître de cet ouvrage, dont le canon bat le revers des *Basses-Perches*, l'assiégeant enfilerait immédiatement les fronts de droite du *Château*.

Il disputa de même à l'ennemi toutes les positions extérieures, et, quoique assiégé, tint pour ainsi dire campagne, par l'étendue de ses lignes resserrées lentement. Ne cédant le terrain que pied à pied, il sut gagner un temps précieux. En obligeant les Allemands à disperser leurs bataillons, il augmentait singulièrement sa force : la garnison, protégée par le redoutable canon de la place, sachant l'adversaire relativement faible sur chaque point du grand cercle d'investissement, devait, on le comprend, se sentir plus solide, avoir plus de confiance pour résister ; en outre, elle conserva l'espace nécessaire à des milliers d'hommes que la maladie éprouva quand même, mais pas aussi cruellement, certes, que s'ils eussent été contraints de s'entasser dans d'étroites casernes et dans des casemates humides. A la veille de l'inévitable assaut qu'épargna l'ordre d'évacuation, une partie de cette garnison était encore hors des murs et des forts. L'étendue du rayon de défense avait eu un autre avantage : des bestiaux purent fournir, jusqu'au bout, de la viande fraîche pour les troupes et du lait aux hôpitaux ; l'alimentation échappa ainsi à la monotonie des conserves.

L'ancien plan de défense eût terriblement simplifié la besogne du général de Treskow, qui termina son siége par où il l'aurait commencé sans le système de Denfert.

II

Mise en état de défense. — Lorsque la guerre éclata, Belfort, comme la plupart de nos forteresses, n'était point en état de défense. A son passage avec le 7e corps de l'armée du Rhin, le général Doutrelaine fit commencer les travaux ; surmontant de grandes difficultés, le commandant Denfert, chef du génie de la place, les poursuivit énergiquement, se résignant à sacrifier, faute de temps et de bras, une partie des faubourgs, plus considérables que la ville elle-même, et qu'on voulait d'abord conserver entièrement. Un fossé, profond de 2ᵐ à 2ᵐ 50, large de 4ᵐ, courut en ligne droite, de la *Savoureuse*, proche l'*Espérance*, au *Front-des-Faubourgs* (1) ; et un second fossé, formant un angle très ouvert au passage (2) de la route de Montbéliard, joignit l'autre extrémité de cet ouvrage, qui s'achevait, à la rivière coulant du nord au sud : au delà, de courtes tranchées, le long de la *Savoureuse*, puis le fossé continué, entourèrent le *Fourneau*. La terre extraite fournit un parapet en avant duquel disparurent jardins et maisons ; les arbres du côté sud, et ceux du bois de la *Perche*, rasé jusqu'à 600ᵐ des *Hautes-Perches*, furent coupés à 60 centimètres du sol, taillés en pointe et réunis par des fils de fer formant un réseau malaisé à franchir : une patrouille prussienne l'expérimenta devant Bellevue, pareillement garanti.

Des baraques s'élevèrent au *Vallon*. Aux *Basses-Perches*, sur l'emplacement d'un ancien ouvrage de Lecourbe, et aux *Hautes-Perches*, surgissaient, non sans peine, deux redoutes avec fossé creusé dans le roc, sauf vers la gorge : il fut question de les abandonner ; l'opiniâtreté de Denfert, qui les ferma en hâte par une palissade, les sauva. Peu avant le départ du général Crouzat, le conseil de défense consentit à leur occupation, sans admettre celle de Pérouse que nécessite pourtant la surveillance de points « dangereux (3) » cachés à la place ;

(1) Elevé avec les déblais de la tranchée du chemin de fer, à l'ouest de Belfort, le *Front-des-Faubourgs* borde cette tranchée et fait face au fort des Barres. On ferma la tranchée, aux deux extrémités, avec une palissade allant d'un ouvrage à l'autre.

(2) « Pour éviter d'interrompre la circulation, le fossé seul (couvert par un pont volant) devait traverser les routes, le parapet étant reporté en arrière pour former une barricade enfilant la route, et armée d'un canon. » (THIERS et DE LA LAURENCIE, *La défense de Belfort.*)

(3) THIERS et DE LA LAURENCIE, *La défense de Belfort.*

il rejeta également la ferme fortifiée de *Bellevue*, qu'il avait fallu négliger afin d'obtenir les *Perches*.

Les casernes des forts, la manutention, la caserne de l'*Espérance*, destinée à servir d'hôpital, recevaient leurs blindages, et les magasins à poudre une couche de terre. Le grand souterrain du château, à l'aide d'un plancher le divisant en étage et rez-de-chaussée, donna un espace double. Peu à peu les pièces de siège s'aménageaient.

Denfert gouverneur; défense extérieure. — Enfin, nommé lieutenant-colonel le 7 octobre 1870, colonel et commandant supérieur le 19 du même mois, Denfert succéda au général Crouzat, et il prépara la défense extérieure.

L'artillerie devait couvrir toutes les positions du dehors, protéger les garnisons des villages et appuyer les sorties : en conséquence, les grosses pièces rayées du *Château*, — notre centre, le grand soutien, — furent organisées de façon à tirer aussi loin que possible, et les batteries furent blindées. Les approvisionnements d'obus à ailettes lui paraissant mesquins, le colonel Denfert en écrivit à Paris et à Besançon ; malheureusement l'investissement empêcha l'arrivée d'un complément de ces projectiles, dont l'insuffisance eut de si fâcheuses conséquences.

Déjà les postes d'occupation des routes d'Alsace et des Vosges avaient eu quelques engagements : leur mission était, non-seulement de surveiller tous les chemins pour signaler l'ennemi, mais encore de tendre des embuscades à ses éclaireurs, de résister autant que possible à ses attaques [1] et de ne reculer qu'en combattant.

Le 1er bataillon de la Haute-Saône, à Giromagny, au pied des Vosges, gardait les routes de l'ouest au nord. En avant, au col de Bussang, deux compagnies de mobiles des Vosges,

---

[1] Le 14 octobre 1870, les franc-tireurs repoussaient les Prussiens qui les attaquèrent avec du canon.

une compagnie de Saône-et-Loire et les franc-tireurs de M. Keller, vers Saint-Amarin et Thann, défendaient les défilés et la route de Strasbourg.

A Dannemarie, avec deux compagnies de la Haute-Saône, deux compagnies des franc-tireurs d'Altkirch et une compagnie du Rhône, était le capitaine Thiers, chargé de détruire le viaduc de la Largue comme aussi d'éclairer la route et le chemin de fer de Mulhouse, sans perdre de vue le réseau de chemins qui relient les grandes voies de Mulhouse et de Strasbourg.

L'ennemi va investir Belfort. — Le 25 octobre, l'avant-garde de l'armée prussienne, composée de 1,000 fantassins et de 150 cavaliers, ayant quatre pièces de canon, marchait sur Mulhouse.

Immédiatement le capitaine Thiers concentra 300 hommes à Landser; puis, le 1er novembre, apprenant que l'ennemi arrivait à Pont-d'Aspach, il les rappela.

Les Allemands, canonnant nos avant-postes, s'avançaient par la route de Strasbourg, au nombre d'environ 20,000 (1), suivant M. Keller, qui, débordé, se jeta dans les Vosges. Le soir, les Prussiens occupaient Sentheim, Soppe, Diefmatten, et lançaient, sur Balschwiller, des uhlans que notre grand'-garde repoussa.

Denfert essaie d'arrêter l'ennemi. — Le commandant supérieur porta à Gros-Magny, pour barrer la route du pied des Vosges, le 1er bataillon de la Haute-Saône, et à Roppe, avec grand'garde aux Errues, pour disputer celle de Strasbourg, un bataillon du Rhône; il fixait la ligne de retraite de ces troupes, au nord par Éloie, Valdoie et le *Salbert*; au nord-est par Vétrigne et les crêtes de l'*Arsot* : on devait opposer la plus

---

(1) C'étaient, en réalité, « les éléments de la 4e division de réserve devenus disponibles à Neuf-Brisach, plus la 1re division de réserve. » (*Guerre franco-allemande* de 1870-71, du grand état-major prussien; traduction par M. E. Costa de Serda.)

énergique résistance et ne reculer que le moins possible, afin de retarder l'investissement ou, sinon, de forcer l'ennemi à étendre sa ligne.

Dès le matin du 2 novembre, le bataillon de landwehr de Deutsch-Krone et le bataillon de Bromberg (d'une fraction de la 1re division de réserve prussienne, dite *colonne de droite*) prirent Gros-Magny (1), aidés par l'artillerie, et descendirent à Chaux et à Sermamagny ; le bataillon de Stendal, marchant en tête de la colonne principale de la 1re division de réserve, s'empara des Errues, sans pouvoir emporter Roppe, tandis que la 4e division de réserve arrivait à Anjoutey.

Le capitaine Thiers rompait le viaduc de Dannemarie et revenait, le soir, à Belfort. Rappelé de Roppe où il semblait trop engagé et reporté, le 3, d'Offemont vers Eloie, le bataillon du Rhône fut assailli dans l'Arsot par des « contingents du bataillon de Stendal et du 1er bataillon du 25e (2), » qui l'obligèrent à se rabattre sur le hameau de la Forge.

Investissement. — Pendant ce temps, l'armée allemande s'installait au-dessus de la Savoureuse, — à Sermamagny (détachement de la 4e division de réserve), — à Châlonvillars

---

(1) Le 1er bataillon de la Haute-Saône y perdit 150 hommes. La position enlevée, les Prussiens, comme de vrais sauvages, se ruèrent sur les blessés. Un de mes camarades, le sergent Aubry, était tombé, la cuisse traversée d'une balle : il reçut plusieurs coups de crosse dans la poitrine ; c'est à cette barbarie qu'il faut attribuer sa mort, survenue après la guérison de sa blessure.

Voici, en regard de ces actes que l'histoire flétrira, un beau trait rapporté par M. Hild, dans *Belfort et les bataillons mobiles de la Haute Saône* :

« Le capitaine Gauthier (de la Haute-Saône), resté le dernier avec quelques fidèles, voit arriver sur lui, à la tête de son bataillon, un commandant prussien, superbe sur son grand cheval et se riant des balles que les nôtres lui adressent à courte distance ; le capitaine Gauthier, tirant son sabre resté jusqu'alors au fourreau, salue la bravoure dans la personne de cet adversaire, puis, lâchant une balle de son révolver, l'étend raide mort. »

(2) *Guerre franco-allemande* de 1870-71.

(colonne de droite), et de Roppe à Banvillars, par Chèvremont et Sévenans (gros de la 1re division de réserve) : « de telle sorte qu'ils (ses éléments) pussent se prêter, en temps utile, un mutuel appui, dans le cas de sorties exécutées en forces supérieures [1]. » Nous nous trouvâmes investis [2] à deux heures de l'après-midi.

Sans retard, les Prussiens ébauchèrent des retranchements, et le canon de Belfort commença à gronder pour ne se taire définitivement que le 13 février 1871, après huit heures du soir.

Un bataillon du 45e de ligne, envoyé la veille au Valdoie, afin d'y remplacer le 1er bataillon de la Haute-Saône replié directement de Gros-Magny sur Belfort, passa du Salbert, d'où il avait observé le mouvement de la *colonne de droite*, au Mont : Denfert jugeait le Salbert trop avancé; il prévoyait aussi qu'en raison de son altitude (620^m) l'ennemi ne pourrait utilement [3] s'en servir.

Ressources de la place et dispositions. — Le colonel Denfert disposait de 16,200 hommes appartenant, presque tous, à la garde mobile et sachant à peine manier leurs fusils [4]; sa cavalerie se composait de quelques gendarmes. L'artillerie comptait 300 bouches à feu, dont moitié (et même davantage) étaient des canons lisses et des mortiers, avec 400,000 kilog. de poudre, 64,000 obus de 12 et de 24 rayés, 20,000 sphériques de 15 et de 16, et un certain nombre du calibre 12, quantité de boulets pleins et beaucoup de bombes, y compris celles [5] qui dataient de Vauban et qui nous firent plus de

---

(1) *Guerre franco-allemande* de 1870-71.

(2) « Le 8 novembre, après l'arrivée successive des troupes laissées d'abord sur les lignes d'étapes d'Alsace, le blocus de Belfort se trouvait complété. » (*Guerre franco-allemande* de 1870-71.)

(3) Il n'y put monter que des pièces de campagne, qui tirèrent sans résultat.

(4) Nous avions brûlé chacun deux cartouches à la cible, et encore pas tous, probablement.

(5) Elles éclataient en ville et au fort des Barres, parce que les *tarets*

mal qu'aux assiégeants. Les cartouches et les vivres abondaient (1).

La garde nationale sédentaire reconnut ses places de combat. Le génie vérifia les postes et la position de leurs sentinelles, disposant lui-même les sentinelles avancées des troupes qui sortirent ainsi réparties : au bois de la Miotte, une compagnie et demie du 84e de ligne ; à Pérouse et dans les bois environnants, quatre compagnies du Rhône et une compagnie de Saône-et-Loire, se reliant à la redoute des Hautes-Perches ; à Danjoutin, relié aux Basses-Perches et au Fourneau, fournissant les grand'gardes de Froideval et d'Andelnans, surveillant la Douce et le Bosmont, deux compagnies de Saône-et-Loire et deux compagnies des franc-tireurs d'Altkirch ; au faubourg du Fourneau, deux compagnies de Saône-et-Loire ; au Grand-Bois, communiquant avec Froideval et Bellevue, deux compagnies de la Haute-Saône ayant une grand'garde à Bavilliers, qu'un chapelet de postes réunissait au Mont, déjà occupé ; enfin (2), au faubourg des Vosges, deux compagnies de la Haute-Saône, et à l'opposé, pour soutenir Bellevue, deux compagnies du Rhône à la gare. La Forge, Pérouse et Danjoutin, qui devaient se mettre en état de défense, ouvrirent leurs tranchées.

Sommation de livrer Belfort. — Le 4 novembre, le courtois général de Treskow (3) pria Denfert de lui livrer sa forteresse. Denfert, qui, le matin, avait fait appel au concours de tous

---

avaient travaillé leurs fusées : elles causèrent plusieurs accidents et on y renonça.

(1) On employa des sacs de farine pour le blindage intérieur de la façade du château.

(2) Le 7 novembre, une grand'garde à la ferme des Barres, (forte d'une compagnie du 4e bataillon de la Haute-Saône) plaçant un poste aux carrières d'Essert et un autre aux premières maisons de ce village, compléta le système ; des sentinelles mettaient Essert en communication avec Bavilliers et le Mont.

(3) Il avait établi, le 3, son quartier-général aux Errues.

pour la mémorable lutte, répondit nettement à **M. de Treskow** qu'il ne livrerait rien ; et il créa, le lendemain, une fonderie de projectiles (voulant, le plus longtemps possible, rendre aux Allemands leurs *politesses*), puis, le surlendemain, une batterie de campagne de trois pièces rayées de 4 et une de 12, pour développer nos relations entamées à coups de fusil, principalement au nord et au sud.

L'ennemi venait muni des plans de toutes les anciennes fortifications de Belfort (1) : il connaissait donc d'avance le point à aborder ; l'attitude énergique du commandant supérieur le força néanmoins à se recueillir.

Le colonel Denfert visitant Bellevue inachevé, le 6 (2), appela aux alentours une garde de treize compagnies de mobiles renforcée, le jour suivant, de cinq autres ; quatre pièces de 12 y arrivèrent.

Les fils télégraphiques des Hautes et des Basses-Perches (cette dernière redoute recevant une pièce de 24), de Bellevue, du faubourg de France et du camp retranché, complétèrent un ensemble qui mettait tous les ouvrages en communication avec la ville.

Denfert tâte l'ennemi. — La première sortie, dirigée le 10 novembre sur Châlonvillars, après une reconnaissance de la gendarmerie, montra l'assiégeant solidement (3) établi dans

---

(1) Il les avait trouvés à Strasbourg, direction du génie dont relevait Belfort.

(2) Dans la nuit du 6 au 7 novembre, M. Bornèque, chassant les petits postes de Valdoie, ramena de l'usine Page deux wagons de fonte et de houille pour sa fonderie.

Dans la nuit du 8 au 9, le brave capitaine Deffayet (du Haut-Rhin), n'ayant pu atteindre, avec une pièce de 24 des Barres, la ferme **Lang** où l'ennemi venait s'approvisionner de fourrage, alla, suivi de vingt hommes, y mettre le feu.

(3) Ayant obtenu la permission de porter le mot d'ordre au poste avancé d'Essert, je vis, après la retraite des nôtres, l'infanterie prussienne (bataillon de landwehr d'Ortelsburg) encore rangée en bataille à la tête de Châlonvillars, avec de la cavalerie prête à charger : un

ce village, et quatre pièces en batterie ; la seconde, le 11, inquiéta Sévenans, quartier-général présumé ; la troisième, le 15, appuyée par la batterie de campagne, se heurta aux retranchements de Roppe et de Bessoncourt que l'on croyait abandonnés : elle nous coûta le brave commandant Lanoir (1), les capitaines Perret et de Nerbonne, du 2ᵉ bataillon de la Haute-Saône, trois officiers blessés et cent trente hommes hors de combat ; trois canons prussiens furent démontés.

Le 19, le colonel Denfert institua les *éclaireurs* : dans la soirée du 12, il avait autorisé à s'essayer à ce rôle un sergent-fourrier du 4ᵉ bataillon de la Haute-Saône, qui partit pour Essert le lendemain matin, accompagné d'un caporal et d'un sergent. Huit compagnies de ces volontaires harcelèrent jour et nuit, durant tout le siége, les avant-postes allemands.

L'ennemi attaque et s'avance sur la rive droite ; prise du Mont. — Le 23 novembre, les assiégeants, se croyant prêts pour l'action, commencèrent, de l'ouest au nord, un mouvement sérieux : refoulés facilement d'Offemont et des abords de Froideval où nous attaquâmes, ils vinrent en nombre à Essert (2) et à Cravanche, enveloppant le Mont sans l'enlever,

---

épaulement en travers de la route, garni d'un canon, défendait l'entrée du village.

(1) « Le sergent Millotte (de la Haute-Saône) se précipite vers son cadavre et s'apprête à l'emporter sur les épaules ; ses vêtements sont criblés de balles ; il n'apporte que le képi et le sabre du malheureux commandant. » (HILD, *Belfort et les bataillons mobiles de la Haute-Saône.*)

(2) Rien, dans la matinée, ne faisant prévoir l'attaque, je profitai, pour la première fois et la dernière — hasard malheureux — de la permission qui m'était donnée d'aller à Belfort quand cela me serait nécessaire. Je confiai donc ma section d'éclaireurs à mon excellent camarade, M. Hild, qui nous apportait vivres et solde, et ce fut lui qui, vers quatre heures et quart, soutint bravement l'effort de l'ennemi, très supérieur en nombre ; un sergent allemand, présent à cette affaire, me parla d'une haie derrière laquelle sa compagnie avait perdu trente hommes.

Accouru au bruit du combat, je ralliai sur la route d'Essert, que

malgré leurs ruses germaniques [1]. Denfert, qui du fort des Barres surveillait le combat, fit canonner Valdoie, la route et le village d'Essert, masser des secours à la porte de France, garder le faubourg du Magasin par une compagnie de la Haute-Saône, retrancher la ferme des Barres et occuper la ferme Georges : deux pièces de la batterie de campagne furent installées à la Forge, en face du ravin de Cravanche. A huit heures du matin, le 24, trois fortes colonnes se jetèrent, avec des cris à rendre jalouses toutes les tribus sauvages, sur nos soldats épuisés [2] qui finirent par céder : les éclaireurs du 4e bataillon de la Haute-Saône, en haut [3], et ceux du 45e de

---

balayaient déjà les obus, une partie de mes éclaireurs conduits en bon ordre par l'adjudant Vinay, qui prit part volontairement à l'action du 23 et à celle du 24, avant d'être définitivement des nôtres, où sa belle conduite lui mérita l'épaulette.

(1) Les clairons prussiens nous sonnèrent la retraite.

Profitant de l'ombre, l'ennemi disait sous bois : « Mobiles! ne tirez pas. » Un grand Poméranien, grâce à ce déloyal stratagème, put saisir au collet un de mes éclaireurs; celui-ci, très agile, se dégagea vivement et planta sa baïonnette, en faisant feu, dans la poitrine du gros Allemand.

Précédemment, à Essert, une patrouille ennemie longeant le Coudray, dans la direction de Châlonvillars, répondait *France!* au troisième *qui vive!* de notre embuscade.

J'avais aperçu cette troupe depuis le village : j'arrêtai ma section et m'avançai hors des jardins; quelques Prussiens tournèrent la tête de mon côté et continuèrent si bravement leur chemin que je les pris pour nos artilleurs en reconnaissance, si bien qu'aux premiers coups de fusil, redoutant une méprise, j'arrivai au pas de course.

Les méprises n'étaient pas très rares, et plus d'une fois les *moblots* nous fusillèrent en embuscade : ce qui décida le colonel Denfert à nous donner pantalons et képis garance.

(2) Avant l'attaque, ayant reconnu les positions françaises et prussiennes avec le lieutenant Bachelier, le sous-lieutenant Masquez et quelques hommes, je m'arrêtai près d'un camarade qui commandait les tirailleurs de la lisière du bois, vers Essert. Pendant que nous causions, un coup de feu retentit; — une sentinelle avait cru voir remuer un buisson — et crac! toute la compagnie disparut comme une volée de perdreaux.

(3) Pendant l'attaque, je vis venir à moi deux hommes, l'un soutenant l'autre très pâle.

— Qu'as-tu? dis-je à celui-ci.

— Mon lieutenant, je suis blessé.

— Où?

ligne, au bas de la pente du Mont, attendirent, formés en tirailleurs, que le commandant Hermann et son bataillon les relevassent dans l'après-midi.

Ce même jour, le 4e bataillon de la Haute-Saône, précédé de sa compagnie d'éclaireurs (1), menaça Essert, tandis que le 3e bataillon de marche, deux compagnies des Vosges et une compagnie du Rhône, aidés de la batterie de campagne, abordaient, par trois colonnes, le village de Sévenans : cette audacieuse expédition, à laquelle l'ennemi ne s'attendait guère, lui donna beaucoup à penser.

Le 25 novembre, les éclaireurs reconnurent le Mont et Cravanche, dont le canon de Belfort ne permettait pas l'occupation. Le commandant supérieur augmenta les petites garnisons de Pérouse et de Danjoutin ; il parcourut tous les ouvrages et ordonna des plates-formes pour retourner commodément certaines pièces qu'il désigna. En prévision du bombardement, s'organisait un service de guetteurs. Les différents quartiers se partagèrent les pompes à incendie ; on déposa des baquets pleins d'eau à chaque étage, et les maisons restèrent éclairées la nuit. Des pièces de bois, adossées aux rez-de-chaussée, formèrent des parc-éclats, espèces de corridors extérieurs où l'on pouvait se garer et circuler sans crainte de la mitraille. Le génie construisit des abris, surtout à Bellevue, dont les bâtiments ne pouvaient supporter le canon ; une tranchée joignit la gare *palissadée* à cette redoute.

Depuis l'affaire du Mont, les Allemands se tenaient cois, préparant leurs premières batteries, examinant le terrain. Bellevue leur parut le point faible, tant en raison de ses mesquines proportions que du voisinage fâcheux du ravin de

---

— Là, répondit-il faiblement en me montrant son canon de fusil troué par une balle !

(1) Les éclaireurs, au grand étonnement de l'ennemi, s'avancèrent l'arme au bras, essuyèrent un feu de mousqueterie, et, sans changer d'attitude, exécutèrent tranquillement leur demi-tour sur l'ordre du commandant.

Bavilliers, qui permettait de l'approcher de très près, abrité complètement contre ses coups : ils le prirent pour objectif.

Bavilliers pris; première parallèle contre Bellevue. — Le 28 novembre, nous perdions Bavilliers, dont la grand'garde se replia à la maison *Sibre* et à celles qui touchent presque le cimetière israélite, et, le 29 au matin, la première parallèle contre Bellevue se trouva ouverte en arrière de la *Tuilerie*. Des postes relièrent aussitôt Froideval menacé à la gare; Danjoutin mit une grand'garde au Bosmont, en deçà duquel opéraient des éclaireurs.

Le 30, les Allemands prirent possession de la *Tuilerie*, que les compagnies d'éclaireurs du 57ᵉ régiment provisoire et du 4ᵉ bataillon de la Haute-Saône leur disputaient depuis deux jours.

Le 2 décembre, une reconnaissance trouva Bavilliers inoccupé; mais la grand'garde qu'on y renvoya bien vite fut reçue à coups de fusil.

Bombardement. — Une grêle d'obus tomba le 3, à huit heures du matin, des batteries d'Essert, qui ouvraient le feu pour soixante-treize jours. Au fort des Barres, où déjà arrivaient de grosses bombes, cela nous parut très réjouissant : nous retrouvions nos tempéraments d'écoliers pour courir après les éclats que, par la suite, nous fûmes moins empressés à ramasser (1). Le grand duel d'artillerie commençait à trois mille mètres du centre de la place, et dès ce moment à l'avantage de l'assiégeant, car il fallut se résigner à ne rendre qu'un coup sur trois. Des vedettes, munies de cornes ou de trompes (2), nous annonçaient l'arrivée des *hirondelles*, comme disaient les loustics. Dans la nuit du 3 au 4, des projectiles

---

(1) C'eût été trop difficile. Durant ce bombardement, plus de 500,000 projectiles s'abattirent sur Belfort.

(2) L'idée en vint au lieutenant Blass, du 4ᵉ bataillon de la Haute-Saône, qui essaya, au fort des Barres, ce très utile mode d'avertissement.

incendiaires — il en pleuvait — brûlèrent la ferme de Bellevue ; d'autres — quelques-uns de 32 kilogr. — brisèrent plusieurs affuts au Château et renversèrent les blindages [1].

Nos reconnaissances du 5 décembre indiquant une concentration de troupes au bois de Bavilliers, les Basses-Perches canonnèrent ce point d'où, effectivement, le 6, partit sur Froideval, à la nuit [2], une colonne d'attaque qui échoua ; le village d'Andelnans, enlevé par une autre colonne, fut lestement repris. Le 7, une reconnaissance trouva peu de monde dans le bois de Bavilliers ; le colonel Denfert renforça néanmoins la garnison de Danjoutin, en lui recommandant de faire bonne garde, et à propos, car, le 8, les éclaireurs du 84e nous rendirent Andelnans encore surpris.

M. de Treskow songeait probablement à pousser son mouvement du 24 novembre au delà de la Savoureuse, et à nous escamoter Bellevue qu'il croyait peu solide, le sachant construit à la hâte, peut-être point achevé.

Coup de main sur Bellevue. — Le 9 décembre, nous avions eu, dans l'Arsot, un combat avantageux ; à cinq heures du soir, grâce au brouillard, quarante Prussiens précédant une colonne déjà hors de Bavilliers, arrivèrent jusqu'au fossé de Bellevue et se couchèrent sans bruit [3], attendant leurs camarades : aperçus assez tôt, très peu s'en retournèrent.

Une sortie à l'ouest de l'Arsot, le 11, en chassa l'ennemi qui laissa outils, campement et même ses vivres : ceci prouve

---

(1) Celui de la façade (en sacs de farine) résista parfaitement : un jour, cependant, il y eut un trou, et l'on vit au-dessous le rocher blanchi comme s'il eût neigé. Les *moblots* recueillirent cette *neige* et en firent des crêpes.

(2) Presque toutes les attaques ont eu lieu vers six heures du soir.

(3) Ils agirent de même, plus tard, à Pérouse. Une première ligne s'avançait, autant que possible, en rampant ; en arrière, la seconde ligne jetait des hourrahs pour détourner l'attention : alors l'avant-garde se précipitait, surprenant les mobiles ahuris.

que si les Allemands soignent leur estomac, ils tiennent encore davantage à leur peau.

Deuxième parallèle contre Bellevue. — On voyait, depuis le matin, à quatre cents mètres devant Bellevue, la deuxième parallèle : l'ennemi renonçait donc à surprendre ce chétif ouvrage qu'avaient autrefois dédaigné les conseils de défense; il employait, pour l'obtenir, les ressources de l'art. Sous un ciel bleu, semé d'étoiles qui faisaient scintiller la plaine couverte de neige, entre minuit et une heure, les éclaireurs du 4ᵉ bataillon de la Haute-Saône essayèrent d'enlever cette deuxième parallèle, sans y réussir. Il fallut se contenter d'une fusillade à trente pas et se résigner à tracer une contre-approche (1) : partant de la redoute et longeant la route de Lyon, elle devait englober les deux maisons du poste avancé, en deçà du ravin *Sibre*, rejoindre le cimetière israélite et être garnie de sentinelles, surtout pendant la nuit.

Premier pas sur la rive gauche. — Quelques heures plus tard, une de nos reconnaissances fouillait le bois de Bavilliers, refoulant ses petits postes. A une heure de l'après-midi, le 13, trois colonnes (Rhône, Saône-et-Loire, éclaireurs Porret (2))

---

(1) Le lieutenant commandant les éclaireurs du 4ᵉ bataillon de la Haute-Saône la traça en plein jour, et à découvert : chose singulière, l'ennemi ne chercha point à contrarier cette besogne.

(2) Energiquement secondé par le capitaine Midroit, le capitaine Porret, du Rhône (qui, pendant tout le siége, défendit l'avant-poste de Bellevue en alternant avec les éclaireurs du 4ᵉ bataillon de la Haute-Saône), enleva, à l'arme blanche, les retranchements du sud de Bavilliers.

Un épisode de cette action montre quelle main de fer dirige l'armée prussienne.

Trop faible pour arrêter les nôtres, un poste ennemi dut se retirer. L'officier qui venait d'ordonner la retraite, s'apercevant qu'il lui manquait du monde, revint sur ses pas : trois de ses hommes, restés dans la tranchée, levaient la crosse devant les baïonnettes françaises; l'Allemand tira froidement son révolver, et, avant de rejoindre sa troupe, abattit les trois soldats qui n'avaient point obéi.

en chassèrent (1) l'ennemi qui, la nuit venue, s'emparait du Bosmont, où l'on s'aborda à coups de crosse de fusil, et d'Andelnans, où les franc-tireurs du Haut-Rhin, qui avaient repoussé quatre fois les assaillants, employèrent leurs révolvers, ne lâchant que successivement les maisons. Mille fantassins de Treskow, avec une compagnie du génie, arrivèrent jusqu'aux retranchements de Danjoutin et furent si bien accueillis qu'ils s'empressèrent de rétrograder : le colonel Denfert, cependant, quoiqu'il appréciât sa résistance, blâma le commandant du village de ne pas les avoir reconduits assez convenablement (2).

Les Allemands entamaient la rive gauche, menaçant les Perches; le lendemain, 14, ils s'avancèrent encore sur la rive droite. Ayant délogé la grand'garde de Froideval dès cinq heures du matin, à six heures et demie ils attaquèrent celle du bois de Bavilliers qui les repoussa cinq fois; mais vers trois heures et demie, le brave lieutenant Chailleux et ses deux compagnies du 84e durent se résoudre à la retraite (3).

(1) Vers le soir, le chef de l'avant-poste de Bellevue eut l'idée d'aller reconnaître le poste prussien de la *Tuilerie* : suivi de quatre hommes de bonne volonté (éclaireurs du 4e bataillon de la Haute-Saône), il s'avança jusqu'à la barricade et, constatant que l'ennemi s'était replié, rentra (sans laisser personne derrière lui) avec l'intention de porter en avant une partie de sa compagnie; mais tandis que les éclaireurs s'apprêtaient, la nuit arriva et l'ennemi revint à la *Tuilerie*. — Cette simple excursion a subi une petite métamorphose dans le livre de la *Défense de Belfort*; car on y lit que l'officier en cause, « après avoir occupé la Tuilerie, n'y avait laissé que deux hommes, si bien que l'ennemi y était rentré sans coup férir. »

Un brouillard épais empêcha les sapeurs du capitaine Journet de parvenir à la deuxième parallèle, probablement dégarnie en ce moment.

(2) « Après l'avoir repoussé sur nos retranchements, en lui faisant perdre beaucoup de monde, il n'y avait qu'une chose à faire, le poursuivre et reprendre aussitôt le Bosmont..... — ..... Repoussé dans ces conditions, il aurait dû être éreinté . » (*Lettre à M. Gély*.)

(3) Ces différents engagements nous coûtèrent 146 tués, blessés ou disparus.

Le 15 décembre, on entreprit une tranchée pour relier Bel levue aux Barres.

L'ennemi bombarde Danjoutin. — Il fallait Danjoutin aux assiégeants. Le bombardement de ce village commença d'Andelnans, le 18 : plusieurs maisons flambèrent.

Le commandant supérieur (1) prescrivit des travaux de défense, notamment en regard de la trouée des Perches et du Bosmont : on ne devait, en cas d'attaque, tirer qu'à très courte distance, et la garnison du Fourneau avait ordre d'accourir.

Développée en tirailleurs, dans la soirée du 20, la compagnie d'éclaireurs du 4e bataillon de la Haute-Saône fit mine d'enlever la deuxième parallèle et les batteries d'Essert ; le ciel était noir, et, comme un gigantesque serpent de feu, la fusillade crépitait sur près d'un kilomètre : ce fut un grand branle-bas chez l'ennemi, qui tira de travers des volées d'obus et force bombes.

Les embrasures de Bellevue étant continuellement démolies, on y amena une pièce de 4 rayée de montagne : l'intrépide capitaine Thiers, barbe et cheveux flottants (2), ayant de la boue par dessus le képi, la manœuvrait habilement, se plaçant toujours à l'opposé du point sur lequel il voulait tirer. On entendait : « Pièce, feu ! » et après : « Sauvez la pièce ! » un obus allemand arrivait, bien ajusté, mais trop tard ; le capitaine Thiers et son *joujou* étaient déjà à l'autre bout de la redoute pour recommencer la farce.

Le 24 décembre, l'artillerie de la Justice chassa les Prussiens de Pfaffans, où seulement leurs postes demeurèrent.

---

(1) Il désigna pour la garnison de Danjoutin : quatre compagnies de Saône-et-Loire, une compagnie d'éclaireurs du Rhône (lieutenant Martin), et une compagnie des francs-tireurs d'Altkirch (capitaine Gingembre).

(2) Il avait juré de ne se raser ni de ne se laisser couper les cheveux que le siège achevé ; il tint sa parole aussi vaillamment que son fortin, jusqu'à la dernière heure.

2

Batterie orientale du Bosmont; Pérouse canonné. — Les batteries sur la rive droite sont rapprochées. — Le 25, de la pente orientale du Bosmont, huit pièces battirent nos travaux avancés de Pérouse et les Hautes-Perches, puis la Justice, sans oublier le Château ; l'attaque de la rive gauche s'accentuait. Le 28, au matin, les batteries de la rive droite, rapprochées sur le flanc droit du ravin de Bavilliers, frappèrent les Perches, la Miotte, la Justice, et principalement le Château et Bellevue [1] : à neuf cent cinquante mètres [2], les éclaireurs de la maison Sibre fusillèrent les embrasures que canonnait crânement, à onze cents mètres, la redoute devenue un véritable enfer ; quatre, cinq et même six obus tombèrent, par minute, dans ce fortin large comme la main, y rasant les embrasures, démontant les pièces aussitôt réparées et remises en position, tuant ou blessant les artilleurs.

Accroissement considérable du feu. — L'ennemi apprêtait d'autres batteries. Le 2 janvier 1871, de la tête de Bavilliers, une paire de canons Krupp cracha, contre le Château, les fameux *enfants de troupe* [3] de 78 kilogr., pendant qu'Essert bombardait le hameau des Barres. Le 7, du Bosmont (côté de Danjoutin), douze pièces tirèrent sur ce village, sur les Perches, sur Bellevue et toujours sur le Château ; de la première

---

(1) L'avant-poste ne fut pas épargné : un des premiers coups renversa la cheminée de la maison Sibre, observatoire que venait de quitter l'officier de la Haute-Saône y commandant; quand, plus tard, les batteries du Rosmont et de Danjoutin eurent aussi troué la pauvre maison, un vieux sergent de Crimée me disait : « Nos murs ressemblent à de la dentelle. »

(2) L'ennemi avait ses tranchées à 150 mètres de la contre-approche et à 300 mètres de la redoute.

(3) Ces gaillards-là percèrent, « comme à l'emporte-pièce, » un blindage composé d' « un plancher de pièces de sapin de 50 à 60 centimètres d'équarrissage, d'une couche de rails jointifs, champignons en l'air, c'est-à-dire 12 centimètres d'épaisseur de fer, d'un mètre de fumier, de deux mètres de terre, et enfin d'une couche de rails à plat. » (THIERS et DE LA LAURENCIE, *La défense de Belfort.*)

parallèle arrivèrent des bombes à Bellevue; Pérouse, que
deux compagnies de la Haute-Saône vinrent renforcer et à
qui Denfert recommanda de bien veiller, reçut des obus de
la gare de Chèvremont; une batterie de mortiers, à la lisière
du bois de Bavilliers, distribua ses *marmites* (1) à Danjoutin,
à la gare et aux faubourgs. Bellevue, accablé, retira enfin ses
pièces des embrasures, continuant le feu seulement avec des
mortiers et le *joujou* du capitaine Thiers.

En même temps que les canons de Treskow se rapprochaient
et étendaient leur action sur la rive droite, le général prussien
méditait, sur la rive gauche, un second empiètement.

Prise de Danjoutin. — En effet, surprises avant minuit, les
deux compagnies de Saône-et-Loire qui devaient garder la
trouée des Perches et la partie de Danjoutin voisine du Bosmont, s'enfuirent (2), sans résister, vers le *Moulin* : l'ennemi
put, couvert par le remblai du chemin de fer, isoler la garnison et l'envelopper. La nuit était noire. Un sergent, du
Fourneau, vint en hâte avertir le colonel Denfert qui refusa
de le croire sur parole, tant la chose paraissait impossible :
on avait à peine entendu quelques coups de fusil. Cependant
il fit sonner le *garde à vous!* et télégraphia aux Perches et à
Pérouse. Les commandants ignoraient complétement l'attaque; tout à côté, celui des Basses-Perches répondit : « Je
veille et ne vois rien qui puisse confirmer cette nouvelle. »
Point satisfait, Denfert envoya MM. Châtel et Degombert au
Fourneau. Le capitaine Degombert, parti en éclaireur, tomba
vers le chemin de fer, sous une grêle de balles, et ses vingt
hommes se sauvèrent. Deux compagnies du 84e couraient
remplacer cinq compagnies de Pérouse devant marcher sur

---

(1) On baptisait encore les bombes, les *alouettes*, parce qu'en l'air,
elles font entendre une sorte de gazouillement produit par leurs an-
neaux mobiles; et les obus, les *hirondelles*, à cause de leur course
rapide.

(2) Sauf ce qui fut pris.

Danjoutin, par le pied des Perches, tandis qu'une autre sur-
veillerait le passage à niveau du chemin de Vézelois. Le capitaine Gaubert et les compagnies du Fourneau passèrent
entre les redoutes, pour tourner le remblai : la mitraille du
Bosmont les obligeant à reculer, puis une grosse colonne d'infanterie s'avançant de Vézelois, on renonça à reprendre Danjoutin, qui nous eût coûté trop de monde et où nous laissions
pourtant sept cents hommes.

Les Allemands commencèrent de suite une tranchée à la
droite du village emporté, et, le jour paru, Bellevue expédia
un joli coup de canon aux pionniers à découvert.

Un douanier apportait, comme pour nous consoler, une
dépêche du consul de France à Bâle, annonçant l'armée de
Bourbaki. Le commandant supérieur s'empressa d'en infor-
mer la garnison, et tous les cœurs tressaillirent de joie et d'espérance : la France ne râlait donc pas ! — Elle arriverait cette
heure bénie de la délivrance...

L'ennemi, cependant, poursuivait son œuvre, ébauchant
dès le 9 janvier, à la gauche de Danjoutin, entre le chemin
de fer de Besançon et le tournant de la route de Montbéliard,
de nouvelles batteries que le Château cribla de boulets. Les
batteries de Bavilliers et du Bosmont, tout en le lui rendant
généreusement, bombardèrent avec fureur les Perches, dont
le colonel Denfert s'empressa d'augmenter les avant-postes de
façon à conjurer toute surprise ; il renforça également Pérouse (où s'allumèrent plusieurs incendies) de notre bataillon
du 84°, confiant le commandement de cette position à son
solide chef, M. Chapelot, bien secondé par un ancien capitaine du génie, le commandant Lang, qui dirigeait les travaux du village et la construction des abris ordonnés dans le
bois des Fourches.

Nos obus s'épuisent ; Denfert crée une réserve. — Denfert,
se préoccupant de la diminution graduelle de nos obus [1], ra-

_____

(1) La fonderie n'en pouvait donner plus de 200 par jour.

tionna, en conséquence, les pièces rayées, créant une réserve *in extremis*, employant les bombes et les boulets pleins autant que faire se pouvait, adjurant, plus que jamais, les commandants des positions extérieures à veiller.

Le canon de Bourbaki est entendu. — On avait entendu la canonnade au loin, derrière Châlonvillars. L'assiégeant s'agitait et ralentissait son feu. Le sous-préfet de Montbéliard nous avertit de la victoire de Villersexel, et, le 15, le bruit de la bataille se rapprochant toujours, la fusillade retentit dans les directions d'Héricourt et de Frahier : on l'écoutait debout sur le rempart; la population elle-même était sortie de dessous terre pour partager cette émotion.

Tentatives de Denfert. — Le commandant supérieur supposa que le général de Treskow pouvait bien avoir distrait des opérations du siége une partie de ses troupes, pour les porter du côté de l'action. Afin de vérifier cette hypothèse, trois reconnaissances partirent : l'ennemi, tâté dans l'Arsot, à Chèvremont et entre Bavilliers et Essert, où l'on arriva assez près des batteries, se montra partout en forces.

Avant la chute du jour, Belfort, saluant l'armée de l'Est, fit feu de toutes ses pièces, et le Château disparut dans un épais nuage blanc. — Ah ! comme nos cœurs battaient.

Durant la nuit, les avant-postes attendirent impatients : la nuit s'écoula lente et calme; personne ne vint à nous. Mais dès l'aurore, le combat reprit plus vif que la veille : le canon grondait surtout à la gauche, derrière Châlonvillars, roulant sa grosse voix comme le tonnerre des grands orages de la montagne; la fusillade crépitait continue, les feux de pelotons ou les décharges de mitrailleuses s'y mêlaient brusquement, par saccades.

Le colonel Denfert voulut tenter un effort sur Essert, dont l'armée de Bourbaki était proche, selon toute apparence. Le

commandant Chabaud (¹), qui eut son manteau troué par un
éclat d'obus, mena dans cette direction, quatre fois, sous les
balles et sous la mitraille, à deux cents mètres des retranchements ennemis, le 4ᵉ bataillon de la Haute-Saône et trois
compagnies du Rhône. Le capitaine Dubois, qui le précédait,
conduisant bravement les tirailleurs, arriva à quatre-vingts
mètres de la batterie des Carrières ; ses mobiles, genoux en
terre, fusillèrent artilleurs et fantassins pendant près de
trente minutes, puis rejoignirent le bataillon qui soutint la
fusillade à droite une demi-heure encore ; un mouvement de
l'ennemi, essayant de le tourner par le Mont, l'obligea de
rentrer.

Sur la rive droite, les Prussiens ne tiraient presque plus,
mais ils gratifiaient de leurs *schrappnels* l'avant-poste de Bellevue, renforcé d'une compagnie du Rhône (²).

Les reconnaissances de la nuit du 16 au 17 janvier confir-
mèrent les renseignements du 15 : nous ne pouvions qu'attendre. Le 17, nous vîmes, avec un serrement de cœur, tomber
la neige qui semblait jeter un linceul sur nos espérances, et,
le 18, l'armée de l'Est s'éloigna comme un navire qui passe
sans secourir le naufragé. Nous ne devions plus entendre le
canon de Bourbaki, et pourtant nous ne cessions d'espérer.
Denfert écrivait : « Il ne faut pas que nos espérances de dé-
» blocus prochain nous fassent perdre de vue l'organisation
» sérieuse de la lutte, d'autant plus que le déblocus n'est pas
» la paix et ne pourra avoir pour résultat immédiat que d'im-
» primer plus d'activité et d'énergie à l'ensemble de la dé-
» fense. »

(1) Ancien officier de l'armée d'Afrique, et des meilleurs, il avait beaucoup de sang-froid : un jour, un obus éclata tout près de lui ; je le
croyais perdu ; mais dès que la fumée qui l'enveloppait se fut dissipée,
je le vis drapé dans son grand manteau, continuant tranquillement
son chemin.
(2) Le capitaine de cette compagnie apprit aux éclaireurs qu'ils
allaient prendre part à la sortie, mais aucun ordre n'arriva.

Hélas! cette lettre à peine écrite, arriva la nouvelle de nos revers et de la triste retraite de l'armée de l'Est.

L'armée de l'Est éloignée, le bombardement reprend sa vigueur; krupps à Danjoutin. — L'ennemi recommençait énergiquement son feu, s'adressant principalement au Château (1), comme d'habitude, aux Perches, à Pérouse et à ses abords : un obus des krupps amenés à Danjoutin fit sauter, le 20 janvier, l'abri à projectiles du bastion 11 (Château) avec vingt-six artilleurs du Haut-Rhin (2) ; le 21, six pièces tirèrent à la batterie campée entre le chemin de fer de Besançon et la route de Montbéliard.

Un redoublement de feu présageait une attaque ; — on le savait par expérience.

Le commandant Chapelot demanda la batterie de campagne, qui vint s'installer aux Carrières situées à droite du chemin de Roppe, couvertes par des retranchements ainsi que le village de Pérouse. Au nord, trois compagnies du 84ᵉ, trois compagnies du Rhône et les éclaireurs du 84ᵉ gardaient le bois des Fourches, la coupure du chemin de Roppe, les Carrières, le bois sur Merveaux (3) et la coupure de la route de Bessoncourt. Au sud, les franc-tireurs d'Altkirch étaient à la coupure du chemin de Chèvremont ; le 2ᵉ bataillon de la Haute-Saône, une compagnie du 84ᵉ et les éclaireurs du 45ᵉ, occupaient le bois en avant des Perches, partiellement couvert par des retranchements, et la coupure de Vézelois. Au centre restaient, dans les retranchements du village, la compagnie de Saône-et-Loire que commandait M. Thibaudet, et, en réserve, deux compagnies du 84ᵉ.

---

(1) « L'ennemi avait tiré sur cette seule pièce (Catherine) plus de 60,000 coups. » (THIERS et DE LA LAURENCIE, *La défense de Belfort.*)

(2) Un second obus blessa mortellement le lieutenant, M. Simotel, qui accourait.

(3) Des abattis d'arbres couvraient, de distance en distance, la lisière de ces bois.

Prise de Pérouse. — L'attaque commença vers minuit, à la sinistre lueur d'un grand incendie. Poussant de grands cris, l'ennemi se précipita sur le bois en avant des Perches (1) : le bataillon de la Haute-Saône et les franc-tireurs se replièrent. Au bout d'un instant, les mêmes cris retentirent entre le chemin de Chèvremont et la route de Bessoncourt, aux abords des Fourches et du bois sur Merveaux : une vive fusillade et les obus de la batterie de campagne accueillirent les assaillants, et, tandis que les éclaireurs du 84e se portaient à la coupure de Bessoncourt, une compagnie de réserve arrivait pour soutenir les retranchements de la droite de Pérouse. Puis, les Prussiens ayant forcé la coupure de Roppe et pouvant dès lors tourner notre position, la seconde compagnie de réserve se porta à leur rencontre : elle fut rejointe par les éclaireurs du 84e, aux Carrières, où était déjà une compagnie du 84e. A cinquante mètres, coup sur coup, deux feux de peloton accueillirent les Allemands qui reculèrent : leurs officiers les ramenèrent « pendant plus de deux heures » et sans plus de succès, car chaque fois le capitaine Perrin, « vigoureusement secondé par le capitaine Aubert, » les reçut « de la même manière. » A quatre heures et demie du matin, « l'assaillant se retira et renonça à se frayer le passage auquel, à juste raison, il attachait une si grande importance (2). »

L'ennemi abandonnait donc l'idée d'envelopper Pérouse, mais il possédait les bois qui l'avoisinent, et, aussitôt son artillerie prête, le village serait certainement écrasé. Le commandant Chapelot, qui évalue à douze mille le nombre de ses adversaires, pensa qu'il fallait se retirer à l'instant, une retraite de jour devant causer des pertes trop grandes et inutiles : Denfert l'approuva et fit rentrer la garnison.

---

(1) Les Prussiens renouvelèrent leurs ruses du Mont. La première ligne criait, dans l'obscurité : « A moi ! par ici la 1re, par ici la 6e; formez-vous; » et plus d'un pauvre diable, pris de cette manière, fit, bien à contre-cœur, le voyage d'Allemagne

(2) *Rapport* du commandant CHAPELOT.

Les Allemands avaient, croyait-on, perdu le dixième de leur monde; nous, quatre-vingt-seize hommes et cinq officiers.

Défense des Perches. — Il ne restait plus à M. de Treskow qu'à enlever les Perches qui, depuis l'occupation de Pérouse par ses troupes, demeuraient exposées à un coup de main : en effet, on pouvait très bien parvenir, la nuit, à « la gorge » de nos deux redoutes avancées, dont l'une était fermée par » une simple palanque, et l'autre par un petit épaulement [1]. » Pour éviter cette surprise, le colonel Denfert mit aux *Carrières*, entre les Hautes-Perches et le Château, une grand'garde qui détacha un poste à la coupure de la route d'Altkirch, pratiquée à mi-chemin de Pérouse : ce poste communiquait avec une autre grand'garde en avant de la Justice. En outre, des tranchées devaient relier les Hautes-Perches, d'un côté à la Justice, de l'autre aux Basses-Perches, et ce dernier ouvrage à la Savoureuse ; le 3e bataillon de marche avait l'ordre d'appuyer la défense des fortins. M. Chapelot prit le commandement du Fourneau, occupant le Moulin et détachant deux compagnies de son bataillon aux Basses-Perches.

Des pièces de 16 furent installées à la Justice pour battre Pérouse. « Dix pièces de gros calibre blindées et casematées étaient toujours prêtes au cavalier » du Château ; « des fiches limitant la course des affûts à droite et à gauche permettaient de retrouver toujours à coup sûr, le jour comme la nuit, les points occupés par les nôtres, et le tir, minutieusement repéré chaque soir, nous assurait, quoique à douze cents mètres en arrière, des feux aussi précis que si nous eussions été dans les ouvrages mêmes. » « A l'aide de lanternes de trois couleurs [2], correspondant aux attaques sur le flanc droit, sur le flanc gauche et en capitale, réservant les feux alternatifs pour le fort cerné [3], » on connaîtrait le point à canonner.

---

(1) Thiers et de la Laurencie, *La défense de Belfort*.
(2) Système du commandant Montrond.
(3) Thiers et de la Laurencie, *La défense de Belfort*.

Enfin la batterie de campagne avança, du Fourneau, deux pièces pour défendre le pied des Perches.

Pendant les nuits, deux compagnies des faubourgs de la rive droite travaillèrent aux tranchées, fournissant une section à la gorge de chaque redoute, laquelle section détachait devant elle (à la distance de soixante à quatre-vingts mètres et de quarante en quarante mètres) des sentinelles doubles, dont l'une employée à creuser un abri. Le commandant supérieur voulait que ces abris fussent multipliés « afin de tromper l'ennemi. » Son ordre ajoutait : « En cas d'attaque, les sentinelles feront feu en se repliant sur la garde de tranchée qui soutiendra l'attaque de manière à empêcher l'ennemi d'arriver à la gorge du fort. »

Première parallèle contre les Perches. — Dans la nuit du 21 au 22 janvier s'ouvrit, à sept cents mètres environ, et montant du passage à niveau de Danjoutin, la première parallèle contre les Perches.

Assaut des Perches. — Le 26, à sept heures du soir, des fantassins et des soldats du génie allemand, munis d'outils, ayant gravi la pente des Basses-Perches, puis rampé, sautèrent dans le fossé pendant que la garnison courait aux parapets. Deux autres colonnes, à droite et à gauche, chassant nos travailleurs, s'emparèrent des tranchées ; mais une vive fusillade les força de se retirer, et ceux des ennemis qui s'étaient jetés dans le fossé durent se rendre. Le poste du Moulin captura seize des fuyards.

Le canon de la redoute, aidé par la fusillade et par les pièces de campagne du Fourneau, soutenu puissamment par les feux du Château, — qui balayaient l'espace compris entre les deux fortins, la gauche des Hautes-Perches et la droite des Basses-Perches, — avait repoussé les troupes qui s'avançaient pour appuyer l'attaque.

Presque simultanément, trois à quatre cents hommes arrivant du bois et précédés d'une compagnie de pionniers, atta-

quaient de front les Hautes-Perches : aperçus par les sentinelles qui leur crièrent : « Qui vive ! » ils répondirent auda-
cieusement : « France ! ne tirez pas ; » mais on savait à quoi
s'en tenir, et la mousqueterie, accompagnée d'une grêle
d'obus, les refoula. En même temps, deux autres colonnes
se portaient vers la gorge, par la gauche ; ces Prussiens répondirent également « France ! » en poussant des hourras, au
Qui vive ! du capitaine Journet qui dirigeait les travailleurs
de la tranchée : un feu roulant arrêta, entre la redoute et le
Château, les hardis assaillants et les contraignit à se déployer
en tirailleurs. Les nôtres rentrèrent au fort après avoir tiré
leurs dernières cartouches. Très à propos accouraient les
éclaireurs du 45ᵉ (1), et, derrière eux, trois compagnies du
3ᵉ bataillon de marche, arrivé aux Basses-Perches à la fin de
l'action : la tranchée abandonnée fut reprise, et l'ennemi se
retira, nous laissant des prisonniers. A huit heures et demie,
tout était fini.

Nous avions, en somme, pris 7 officiers allemands et 218
de leurs sous-officiers ou soldats ; de notre côté, nous avions
41 blessés et 13 morts ou disparus : parmi les morts, malheureusement, le brave capitaine Journet frappé de trois balles.
L'ennemi dut trouver dans ses rangs bien des places vides (2).

---

(1) Conduits par le sous-lieutenant Jobard. — Toujours bon camarade et brave, A. Jobard était ce sergent qui partit pour Essert avec
le fourrier chargé de l'essai des éclaireurs.

(2) On voyait aux abords des Perches, mouchetant la neige, une
quantité de taches noires que les pillards visitèrent.

Un mobile du Rhône me montra une lettre maculée de sang, prise
sur le cadavre d'un officier prussien : c'était le dernier message de sa
femme ; une balle avait à la fois traversé la lettre de l'épouse et le cœur
de l'époux.

Un autre mobile, du 4ᵉ bataillon de la Haute-Saône, n'ayant plus de
chaussures, avisa les bottes d'un gros Allemand : un pied posé sur le
ventre du mort, il s'apprêtait à tirer vivement la semelle, quand celui-
ci commença de geindre. Le mobile se sauva, préférant aller nu-pieds.

Les ivrognes s'attaquèrent aux gourdes, mais n'y trouvèrent qu'un
détestable mélange d'absinthe et d'eau-de-vie destiné à donner aux

Le colonel Denfert, systématiquement opposé aux armistices, ordonna de ramasser les cadavres français avec des brancards, sous la sauvegarde du drapeau blanc, et de les laisser sur le terrain si les Prussiens contrariaient l'opération.

Il félicita les commandants des redoutes; sa lettre, pour les Basses-Perches, contenait les ordres suivants : « Placez vos sentinelles avancées de bonne heure, afin que vos hommes aient le temps de se porter sur les remparts; augmentez surtout vos sentinelles de nuit, qui devraient être au nombre de plus de quatre. Enfin secouez votre artillerie, pour qu'elle tire dans la journée d'aujourd'hui contre l'ennemi, et qu'elle sache bien ce qu'elle a à faire une autre fois en cas d'attaque. »

. L'avenir des Perches préoccupait justement Denfert, qui investit du commandement des faubourgs M. Chapelot, chargé seul désormais de fournir aux redoutes les renforts nécessaires.

Deuxième parallèle contre les Perches. — L'assiégeant n'ayant pu enlever ni les Hautes ni les Basses-Perches, les bombarda furieusement (1) de ses batteries rapprochées, sans négliger notre citadelle, sans épargner Bellevue; et il ouvrit, la nuit suivante (27-28 janvier), sa deuxième parallèle, à la fois devant les Hautes-Perches, à une distance de quatre à cinq cents mètres, et devant les Basses-Perches; il reliait, à la fin du mois, ses nouvelles tranchées aux anciennes, malgré les boulets du Château, et mettait, derrière ses pionniers, des tirailleurs fusillant jour et nuit tout ce qui se montrait sur la fortification des Basses-Perches. Aux Hautes-Perches, on ripostait; mais l'artillerie des deux redoutes, où pleuvaient

---

soldats d'outre-Rhin, pour l'attaque, la fièvre qu'ils n'ont point naturellement.

(1) « Quant à son tir, il reprend sa régularité habituelle, c'est-à-dire qu'il s'élève à sa moyenne normale de dix à douze mille coups par jour. » (THIERS et DE LA LAURENCIE, *La défense de Belfort.*)

les bombes et les obus à balles, restait à peu près éteinte.
C'était un curieux spectacle de voir, le soir, les satanées *marmites* du Bosmont décrire leur courbe élevée, tomber devant
les Basses-Perches et ricocher gracieusement pour éclater
avec fracas dans l'ouvrage vivement éclairé.

Prévoyant la chute prochaine des fortins impossibles à conserver, on cessa les travaux de tranchée des Perches et l'on
se prépara à transformer en abris les rez-de-chaussée des
casernes de la ville.

Danjoutin canonna le *Moulin* et força le poste à se réfugier
dans les abris du Fourneau. Une batterie s'étant précédemment établie au Valdoie pour tirer sur la Forge, trois ou quatre
volées de 24, de la Miotte et de la *Tour des Bourgeois*, l'avaient
réduite au silence : des pièces volantes reprirent la besogne
depuis la croupe du Salbert, sans grand succès ; mais, le
3 février, la batterie du *Bois-sur-Merveaux* éteignit les feux
de la Justice.

Nos adversaires nous lançaient des billets disant : « Messieurs ! j'ai l'honneur de vous annoncer que Paris a capitulé
le 29 janvier, deux heures et quarante-neuf minutes après
midi..... Les armées du Nord et de l'Ouest ont l'armistice de
trois semaines pour préparer la paix. »

La capitulation de Paris ! Y pouvait-on croire (1)? Toute-
fois la nouvelle de l'armistice s'empara des imaginations.
Pourquoi serions-nous les seuls à continuer la guerre, com-
mençait-on à se demander, pourquoi attendre? Aujourd'hui
nous tenons encore; demain, depuis les Perches, l'ennemi

---

(1) Un soldat polonais osa venir raconter cela aux éclaireurs, à l'a-
vant-poste de Bellevue; mais l'officier de la Haute-Saône qui commandait interrompit l'orateur en le conduisant chez le capitaine Thiers. Ce
pauvre diable répétait en chemin : « *Ah! grosse malheur ! — câpoute...* »
Et il expliquait, dans son jargon, qu'il était père de six enfants. L'officier qui l'avait pris le rassura et lui fit présenter un verre d'eau-de-vie :
« Nix, » dit-il, craignant peut-être qu'on l'empoisonnât; l'officier lui-
même y ayant trempé les lèvres, son prisonnier dit aussitôt : « Iâ, iâ, »
et il avala le *schnaps* d'un seul trait.

nous écrasera misérablement : à quoi aura donc servi notre résistance !

Des journaux français confirmant ces renseignements d'abord jugés apocryphes, Denfert se décida à écrire au général de Treskow :

« Dans l'intérêt de l'humanité, je désirerais connaître les événements qui se sont passés en France dans ces derniers jours. Je viens donc vous prier de vouloir bien autoriser un des officiers de mon état-major à traverser les lignes prussiennes pour se rendre à Bâle. »

Denfert envoie un officier à Bâle. — Treskow expédia aussitôt un sauf-conduit, et le capitaine Châtel partit avec une lettre pour le consul de France.

Les Perches étaient réduites au silence, leurs remparts de terre tombaient dans le fossé où arrivaient presque les travaux d'approche; il fallait sans retard sauver l'artillerie : le commandant supérieur la fit sortir et ordonna d'ouvrir les gorges afin de faciliter la retraite (1).

Abandon des Perches à l'ennemi. — Le 5 février, deux sections seulement gardaient les tranchées; le 7, deux compagnies occupaient les redoutes avec ordre de ne se retirer qu'au dernier moment. Vers midi, le 8, l'ennemi, profitant du brouillard et surprenant les sentinelles avancées des Hautes-Perches, descendit la contre-escarpe, chassant en même temps les défenseurs des tranchées à gauche et à droite : la garnison sortit en tiraillant. Aux Basses-Perches, les assaillants furent mieux reçus et on ne leur abandonna l'ouvrage que lorsqu'ils atteignirent l'escarpe : une bonne fusillade des nôtres, en retraite sur le Fourneau, accueillit l'entrée du *vainqueur*.

De toutes parts, les obus s'abattirent sur les fortins délaissés. Des Prussiens, traînant du matériel, y montaient en

---

(1) Un fanal blanc, porté par un soldat à l'arrière-garde, devait instruire notre artillerie de cette retraite.

courant et en sortaient plus vite encore : souvent, en chemin, un projectile les arrêtait. Avant de commencer leurs batteries à la gauche des Hautes-Perches et à la droite des Basses-Perches, les Allemands bouleversèrent les redoutes qu'ils ne pouvaient occuper. La perte de ces ouvrages détermina l'abandon de notre poste du *Moulin* et la rentrée des pièces de campagne qui défendaient la route de Danjoutin.

La mitraille de M. de Treskow travaillait assez bien. « Dès son établissement à Essert, l'artillerie prussienne avait attaqué le Château, et ses coups de revers nous avaient obligés à déloger les hommes et à déranger l'armement, qui ne tenait compte que d'une attaque directe; de Bavilliers, elle nous avait forcés par ses coups d'enfilade à retourner nos pièces; de Danjoutin, par ses feux d'écharpe et surtout par la puissance de ses projectiles, elle nous avait contraints à vider nos abris; elle allait aujourd'hui, contournant toujours cette position centrale, s'établir droit devant elle, elle allait lutter de face contre le Château, et non plus à trois mille mètres, mais à onze cents mètres (1). »

La situation n'était pas belle : nous allions être, selon toute apparence, anéantis à bref délai; le découragement venait, et les cerveaux faibles accusèrent le colonel Denfert d'immoler Belfort à sa vanité. — « Il fallait en ces moments terribles compter avec l'opinion publique, pour être mieux maître de chacun; c'est ce qui décida le gouverneur à céder, non dans le but probable d'obtenir un armistice, mais dans le but plus certain de se procurer un refus écrit qu'il pût rendre public (2). »

Denfert demande un armistice. — Denfert se résigna donc à envoyer un parlementaire à M. de Treskow.

« Général, lui écrivait-il, j'ai appris par les journaux les événements de ces derniers jours, et je sais aujourd'hui,

---

(1) THIERS et DE LA LAURENCIE, *La défense de Belfort.*
(2) ID.

d'une manière positive, qu'un armistice général existe et que nous sommes seuls à continuer les hostilités.

» Dans ces conditions, je crois devoir, au nom de l'humanité, vous demander la conclusion d'un armistice jusqu'au retour de M. le capitaine Châtel, qui me rapportera sans doute des instructions du gouvernement français. »

M. de Treskow répondit :

« Il m'est impossible de consentir à l'armistice proposé, attendu que j'ai pour mission de m'emparer de la forteresse le plus tôt possible, et qu'en conséquence il m'est interdit de perdre du temps. »

Le commandant supérieur informa habitants et soldats de cette réponse, ajoutant :

« Nulle force militaire, quelque considérable qu'elle soit, n'est en mesure de briser avant un certain temps la résistance de la place. Que la population et la garnison soient prévenues également que leur sort dépend de la continuation de notre résistance jusqu'à la conclusion de la paix. »

Le bombardement redoublait. Denfert fit distribuer une ration de vin et d'eau-de-vie pour rendre un peu d'énergie aux troupes épuisées; le *Front-des-Faubourgs,* qu'il avait fallu dégarnir, fut réarmé, et le quart des troupes de garde resta toute la nuit au parapet, relevé de deux en deux heures.

Batterie aux Perches. — Le 9 février, le commandant supérieur autorisa la vente de vivres aux habitants qui en manqueraient. Le 10, au matin, une douzaine de mortiers et huit canons ouvrirent le feu aux batteries des Perches, écrasant le Château et la Miotte : le gouverneur s'était déjà préoccupé des pièces à abriter contre ces batteries auxquelles ripostèrent la Miotte et les Barres, ainsi que les artilleurs du Château fusillant, depuis le *grand cavalier,* les canonniers et les pionniers allemands; cette riposte gêna la construction d'autres batteries entre les deux redoutes.

Le dénouement, c'est-dire l'assaut, ne pouvait longtemps

tarder. Aussi conservions-nous précieusement nos derniers obus pour le moment fatal : en attendant nous ne répondions qu'avec nos pièces lisses et nos mortiers à la mitraille prussienne. Plus d'un officier prévoyant éprouva la lame de son sabre.

Troisième parallèle contre Bellevue. — Le général de Treskow, qui avait l'ordre de s'emparer de la place coûte que coûte, reprit l'attaque de Bellevue dont l'occupation devait contribuer à l'écrasement du Château : dans la nuit du 12 au 13, ses pionniers creusèrent devant l'avant-poste [1] de la maison Sibre, à gauche de la Tuilerie, une tranchée d'au moins cent mètres (troisième parallèle) sur laquelle tirèrent les éclaireurs ; mais les balles ne frappaient que les outils de l'ennemi, et les travailleurs, abrités déjà par la terre rejetée, continuèrent leur besogne [2].

Nouvelle sommation de rendre la place. — Le 13 au soir, M. de Treskow somma de nouveau, et très énergiquement, le colonel Denfert de se rendre ; il menaçait tout simplement « de réduire Belfort en un monceau de cendres et d'ensevelir les habitants sous les décombres. » Le gouverneur, inébranlable dans sa résolution d'aller jusqu'au bout, ne voulait pas même répondre, lorsque lui parvint, expédiée par M. de Bismarck au quartier-général prussien, une dépêche de notre ministre Picard ainsi conçue :

Le gouvernement autorise la reddition de Belfort. — « Le commandant de Belfort est autorisé, vu les circonstances, à

---

(1) En outre, un *crapaud* lui lançait, des retranchements de la *Tuilerie*, de petites bombes ; celles qui n'éclataient pas nous servirent à jouer aux boules.

(2) Les éclaireurs, occupant le cimetière israélite, avaient rangé plusieurs képis rouges sur les dalles du mur, percé de meurtrières par lesquelles ils ripostaient au feu de la *Tuilerie* ; de temps à autre, après une décharge de l'avant-poste prussien, des farceurs faisaient tomber deux ou trois képis : alors on entendait un hourrah joyeux chez les Allemands très fiers de leur adresse !

consentir à la reddition de la place. La garnison sortira avec les honneurs de la guerre et emportera les archives de la place. Elle ralliera le poste français le plus voisin. »

Le devoir douloureux de conclure un armistice (1) s'imposa à Denfert : « c'était le moyen d'attendre un *avis direct* du gouvernement. » Le gouverneur envoya à Bâle M. Krafft, pour y recevoir les communications du ministère.

Ordre de suspendre le feu. — Ce fut vers huit heures et demie, au moment où les éclaireurs du 4° bataillon de la Haute-Saône allaient se porter en avant, afin d'inquiéter les travailleurs de la tranchée allemande, qu'arriva l'ordre de suspendre le feu.

Le 14 février, une dépêche de Paris, adressée à notre consul de Bâle, confirma celle de M. Picard ; MM. Châtel et Krafft rentrèrent immédiatement à Belfort, et, le 15, à huit heures du soir, le commandant Chapelot et le capitaine Krafft se présentèrent à Pérouse comme plénipotentiaires du colonel Denfert, déclarant que le gouverneur ne voulait absolument pas de défilé devant l'armée prussienne : ils signèrent, le 16, le traité de reddition. Cette convention disait :

Traité de reddition. — « 1° Le colonel Denfert, sur l'autorisation spéciale qui lui a été donnée, vu les circonstances, par le gouvernement français, remet au lieutenant-général de Treskow la place avec ses forts.

» 2° La garnison, en raison de sa valeureuse défense, sortira librement avec les honneurs de la guerre, et elle emmènera les aigles, drapeaux, armes, chevaux, équipages et appareils de télégraphie militaire qui lui appartiennent spécialement, ainsi que les bagages des officiers et ceux des soldats, et enfin les archives de la place.

---

(1) La dépêche par laquelle il l'annonça aux commandants des positions, disait : « Néanmoins ne suspendez pas les travaux et surveillez avec autant de vigilance que d'habitude. »

. . . .

» 6º Les blessés et les malades restant dans la place seront, dès leur rétablissement, menés par convois jusqu'à la ligne de démarcation la plus voisine ; ils emporteront leurs armes. Ceux qui seront impropres au service militaire seront renvoyés dans leurs foyers. »

Départ de la garnison. — L'évacuation commença le lendemain. Denfert passa devant nous, pâle, triste, comme désespéré de n'avoir pu faire davantage. Pourtant le général Le Flô, ministre de la guerre, lui écrivait :

« Recevez, colonel, pour vous et vos braves soldats, l'expression de ma douloureuse et bien ardente sympathie, et soyez, auprès de la patriotique population de Belfort, l'interprête des sentiments de reconnaissance et d'admiration des membres du gouvernement et de la France entière. »

Le 18 février, semblable au capitaine qui, le dernier, quitte son vaisseau, le gouverneur sortit de sa forteresse avec la dernière colonne, dont les sentinelles attendirent les sentinelles allemandes qui devaient les relever.

La garnison, munie de vivres pour douze jours et de cartouches, emmenant une batterie volante de six (1) pièces de 4 rayées de campagne, ainsi qu'une mitrailleuse qui n'avait jamais servi (2), marcha sur Grenoble par force chemins détournés : là, Denfert nous fit ses adieux.

« Malgré tous vos efforts, disait-il dans une de ses proclamations, les malheurs de la patrie ont obligé la place de Belfort à subir la souillure de l'étranger ; mais du moins elle nous est conservée et elle pourra, dans l'avenir, nous servir de boulevard contre de nouvelles attaques, et nous aider à préparer la revendication de notre territoire. »

Pour lui, tout n'était pas fini : déjà il songeait à la revanche.

---

(1) Nous manquâmes de chevaux pour en enlever davantage.
(2) C'était un essai de M. Borrièque.

III

Telle est, pas à pas, l'histoire de cette longue défense qui étonne et qu'il faut admirer ; voilà, Messieurs, l'œuvre du colonel Denfert : bien sienne, puisque l'ayant conçue, il l'exécuta, sans se soucier d'un conseil formellement opposé à son système. J'ai cru devoir vous l'offrir complète, parce que le génie de Denfert s'y montre pleinement, parce que celui que je dois vous faire connaître s'y révèle tout entier : sa vraie physionomie m'a semblé devoir mieux se dégager de l'exposé des faits que de simples appréciations.

Le trait principal du caractère de cet homme, que les revers n'abattirent jamais, c'est la ténacité. Reformant ses lignes aussitôt qu'on les rompait, n'abandonnant du terrain arraché qu'une portion aussi petite que possible, toujours prompt à reprendre l'offensive, Denfert ne cessait d'inquiéter ses adversaires en menaçant leurs positions, tantôt sur un point, tantôt sur un autre ; il retardait leurs travaux par de fréquentes attaques dont il savait varier l'importance et l'effet, selon les circonstances ; il les fatiguait par les courses perpétuelles d'insaisissables éclaireurs qui ne laissaient aux avant-postes ni trêve ni repos : et il obtint de rendre circonspect, sinon timide, un ennemi qui, habitué trop facilement à vaincre, ne connaissait plus les obstacles. L'énergique défenseur de Belfort prolongea la lutte au dela de ce qu'on pouvait espérer d'une place — parfaitement connue de l'état-major prussien — forte, il est vrai, mais n'ayant à son service, sauf quelques vieilles moustaches, que des soldats improvisés, la plupart paisibles paysans enlevés de la veille à leur charrue ; sa fermeté donna le droit à la garnison de sortir avec armes et bagages, sans défiler, en regardant fièrement les soldats de Guillaume qu'elle rencontrait sur son chemin, prête à combattre s'il l'eût encore fallu. Son intelligence et son patriotisme permirent à la France de garder, comme une pierre d'attente, un lambeau de notre pauvre Alsace.

Le vaillant colonel repose, non loin de sa forteresse, dans un glorieux linceul ; son ombre continuera de veiller sur Belfort !

On a reproché à Denfert de n'être pas sorti de la place qu'il avait à défendre. Il l'apprit durant le siége, se contentant, pour toute réponse, de hausser les épaules : son arme était le compas beaucoup plus que le sabre. Qu'aurait-il fait dehors, lui qui connaissait les moindres recoins de sa citadelle et les moindres replis du terrain qui l'environnait, lui qui savait tout en temps opportun et à qui rien n'échappait ? Et d'ailleurs, la place d'un général en chef a-t-elle été jamais au milieu de la mêlée, hors le cas où tout est perdu !

Et croyez-vous qu'il eut peur ? — Ce n'était point un conscrit. D'honorables blessures reçues à la tranchée, en Crimée, témoignent assez qu'il ne redoutait guère la mitraille ; il craignait une seule chose : laisser prendre Belfort, que la France lui avait confié et qu'il devait rendre à la France.

Au reste, les besoins et les soucis de la défense le retenaient devant ses plans et ses cartes, où il suivait minutieusement l'ennemi, cherchant à le deviner, s'étudiant à parer ses coups, au moins à les atténuer, à empêcher qu'ils ne fussent mortels.

On a dit que le colonel Denfert commit des fautes :

1° En envoyant à Gros-Magny un seul bataillon sans artillerie.

D'abord notre seule artillerie mobile, la batterie de campagne créée le 6 novembre, ne pouvait, le 2, soutenir le 1er bataillon de la Haute-Saône ; et puis il s'agissait, non de livrer bataille, mais de résister dans la mesure du possible [1],

_____

[1] « Attendez-le (l'ennemi) de pied ferme s'il se présente, portaient les instructions ; éclairez-vous avec le plus grand soin. Si vous êtes obligé à la retraite, vous vous replierez, par la route d'Eloye, sur Val-

derrière la coupure (1) d'une route taillée dans un flanc de rochers, avec une ligne de retraite couverte, pour les deux tiers, par le canon de Belfort.

2° En laissant trop longtemps et sans abris, au Mont, le 1er bataillon de la Haute-Saône?

Le bataillon occupa douze jours cette position; auparavant un bataillon du 45e de ligne y était resté pendant neuf jours. On ne put construire les baraquements primitivement projetés parce que la place manquait de matériaux; on dut se résoudre à des gourbis faits de rondins et de planches de vieilles caisses à biscuits. « Il fallut renoncer à faire faire le travail par des corvées venues chaque jour exprès de la ville. Les jours étaient trop courts, et le chemin assez long faisait perdre des heures précieuses. D'autre part, en y employant la garnison même du Mont, on arrivait à l'impuissance si on la relevait fréquemment, car le jour du relèvement était perdu pour le travail, et le lendemain peu profitable, les hommes n'étant pas encore au courant. — De toute force, on fut conduit à allonger le séjour des troupes au Mont jusqu'à l'achèvement des baraques. C'était bien pénible; mais la situation n'avait pas d'autre issue, et tout ce qu'on put faire fut de leur donner, comme vêtement supplémentaire, des vestes d'infanterie (2). »

---

doye et le Salbert, en vous servant des bois et des obstacles de cette route! » (*Dépêche* du 1er novembre au commandant PETITGUYOT.)

Le grand état-major prussien, qui ne se gêne nullement pour critiquer, ne trouve pas cet essai de résistance anormal; il constate que la lutte a été « longue et acharnée, jusque sur les hauteurs de Petit-Magny : » là tentative de Gros-Magny était donc permise.

(1) Cette coupure « était suffisante pour retarder les transports d'artillerie et les mouvements de cavalerie pendant plusieurs jours; si, au lieu de déblayer, l'ennemi choisissait une autre route, il lui fallait ou passer le long de l'Arsot, sous le canon de la place, ou se résoudre à un vaste détour. » Malheureusement les mines ne jouèrent point; malgré les mobiles de la Haute-Saône qui « essayaient avec des allumettes de faire prendre les mèches, et soufflaient sur le feu, au risque de sauter les premiers, » (HILD, *Belfort et les bataillons mobiles de la Haute-Saône.*)

(2) THIERS et DE LA LAURENCIE, *La défense de Belfort.*

3° En n'occupant ni Essert ni Cravanche?

Notre position du Mont réduisait le rôle de ces villages à celui de grand'gardes.

Les retranchements prescrits au Mont devaient englober Cravanche, que les éclaireurs du 45e défendirent bravement le 23 novembre 1870. L'occupation sérieuse d'Essert aurait trop étendu nos lignes, car alors il eut fallu s'installer à la Côte (1) et au Coudray (2) : un poste avancé, à l'arrière d'Essert, se reliait à Bavilliers et au Mont.

---

(1) La Côte était plus accessible à l'ennemi qu'à nous-mêmes.

(2) Depuis le Grand-Salbert, je vis, après la mi-novembre, au Petit-Salbert, un épaulement gazonné : des embrasures, émergeait la gueule brillante de plusieurs canons allemands ; l'ennemi avait par conséquent des postes au *Coudray*.

Un auteur a trouvé « fantastique » le *récit* « d'un poste chassé de ce bois où (prétend-il) il n'y en eut jamais. » Comme je dirigeais l'expédition, il me pardonnera de le contredire et de constater qu'il avoue cependant avoir été « salué un matin d'un feu nourri qui partait du bois » en question. Il est vrai qu'il ajoute : « C'étaient les éclaireurs qui, embarrassés de leurs cartouches, sans doute, fusillaient, à défaut de Prussiens, quiconque se présentait, même du côté de la place. » *Sans doute!* notre auteur n'ose pas affirmer complétement : il fait bien, car les éclaireurs, souvent en embuscade de nuit, menés au feu soir et matin, n'étaient pas du tout *embarrassés de leurs cartouches* ; jouissant de leurs facultés non moins que leurs camarades du 4e bataillon de la Haute-Saône, ils n'éprouvèrent, ni à ce moment ni plus tard — je le déclare — le besoin de tirer sur des amis.

Détail charmant : M. *** parle d'un *feu nourri.* Les éclaireurs constituaient donc une troupe assez importante? — A ce moment, on y comptait neuf hommes, le chef compris : formidable effectif pour tant de tapage!

Hors de la forêt (et même un peu loin du théâtre de l'action), il ne vous fut guère possible, cher M. ***, d'observer ce qui se passait sous bois. Souffrez qu'on vous renseigne. Au bas d'une pente du *Coudray,* une sentinelle allemande nous cria d'abord, de son trou-abri : « Verda!» Après quoi des hourrahs retentirent : la fusillade, commencée à courte distance, dura quelques minutes ; un mouvement en avant fit détaler l'ennemi. Mais bientôt les Prussiens revinrent renforcés, tirant sur les éclaireurs qui rentraient : leurs balles sifflèrent, paraît-il, à vos oreilles ; vous eûtes grand tort de les prendre pour des balles françaises, et, sur ce, d'échafauder une petite histoire.

4° En ne faisant pas assez pour se rapprocher de Bourbaki ?

C'était au général Bourbaki à se rapprocher de Belfort ; le colonel Denfert fit ce qu'il pouvait : éprouver les lignes d'investissement ; et, les trouvant partout solides, attendre que l'avant-garde de l'armée de l'Est se montrât. S'il eût aventuré plus de monde sur Essert, son effort se fut brisé contre la redoutable position de Châlonvillars ; et que serait-il advenu de cette troupe facile à tourner par le Mont et par Bavilliers ou Buc ? La tentative du 16 janvier a été néanmoins jugée *sérieuse*. L'assiégeant « en conçut un instant de stupeur ; ses canonniers, nous l'avons su depuis, à court de munitions, s'apprêtaient à enclouer leurs pièces et à se replier sur Essert, quand, renonçant aux avantages obtenus, le commandant Chabaud jugea à propos de battre en retraite (1). » — Ajoutons que cet officier supérieur ne voulut point se laisser envelopper, car « des troupes ennemies sortaient d'Essert, les unes pour garnir les tranchées, les autres pour gagner le Mont et prendre de là à revers nos deux lignes de tirailleurs (2). »

On a encore reproché à Denfert d'avoir laissé prendre Danjoutin et de n'avoir pas fait aboutir la démarche tentée par le Conseil fédéral, pour la sortie des femmes, des enfants et des vieillards.

A Danjoutin, le commandant supérieur ne cessait de recommander la vigilance : le manque de vigilance nous coûta la perte de cette position.

Si la grand'garde de Saône-et-Loire avait résisté, au lieu de s'enfuir, toute la garnison se fut trouvée debout dans un instant (3) et à ses postes de combat.

(1) HILD, *Belfort et les quatre bataillons mobiles de la Haute-Saône*
(2) THIERS et DE LA LAURENCIE, *La défense de Belfort*.
(3) « Il faut que chaque officier soit logé avec ses sous-officiers et sa section dans la même maison ou grange, de façon qu'à la première alerte l'officier et les sous-officiers de chaque section conduisent les hommes au feu eux-mêmes, et soient sûrs que pas un ne faillira à son devoir. Ils doivent user de leur révolver au besoin. Il faut de plus que chaque section soit à proximité de son poste de combat et que la ré-

« La défense de Danjoutin était aussi insensée après le
1ᵉʳ janvier que devait l'être notre assaut des Perches (1), »
affirme un officier allemand. Je ne suis pas de son avis :
nous reçûmes convenablement nos assaillants du 26 janvier,
et nous avons gardé, pendant une semaine encore « *après le
1ᵉʳ janvier,* » Danjoutin pris comme l'on sait ; or, sept jours
de plus ou de moins ont leur importance : — sept jours de
moins, c'était l'occupation des Perches sept jours plus tôt, et
l'écrasement du Château avancé d'autant...

Le 17 décembre 1870, une députation suisse, au nom du
président de la Confédération, essaya d'arracher aux dangers
d'un effroyable bombardement, les femmes, les enfants et les
vieillards de Belfort.

Le 12 du même mois, le gouverneur avait refusé, pour cet
objet, l'armistice que sollicitait le préfet. « Avant l'investissement..., j'ai moi-même, lui répondit-il, invité bien des personnes à partir. — Je suis encore disposé à donner des laissez-
passer pour sortir de la place aux femmes et enfants pour les-
quels vous me signalerez cette mesure comme sans inconvé-
nients..... Plusieurs femmes sont déjà parties avec leurs enfants depuis le blocus. »

Le colonel Denfert n'aimait pas à parlementer avec son
adversaire, considérant les pourparlers « comme très préju-
diciables (2) à la défense » devant les nécessités de laquelle,
en somme, tout doit s'incliner. Cependant, à la réception de la
lettre du président de la Confédération, il s'empressa d'écrire
au préfet :

« Je suis disposé à accueillir cette demande dans les limites
compatibles avec les intérêts de la défense. »

Et remerciant le président de la Confédération, il lui écrivait :

serve ait sa place intégralement marquée. » (*Lettre* au commandant
GÉLY.)

(1) HILD, *Belfort et les quatre bataillons mobiles de la Haute-Saône.*

(2) « J'ai déjà remarqué que chaque fois qu'un parlementaire parais-

« ..... L'armistice forcé qu'exige le départ des femmes, enfants et vieillards ne pourra avoir lieu qu'entre dix heures du matin et trois heures de l'après-midi. Cet armistice comprendra non-seulement la cessation absolu du tir de part et d'autre, mais encore l'interdiction, pour l'armée assiégeante, d'exécuter aucun travail de tranchée pendant sa durée (1). »

M. de Treskow reçut une copie de cette lettre, qui disait encore :

« Si ces conditions sont acceptées, tant par vous, Monsieur le président, que par le commandant en chef des troupes prussiennes, je suis prêt à m'entendre sur la fixation du jour de l'armistice. »

M. de Treskow fit la sourde oreille.

Le gouverneur, à qui on semble imputer comme un crime sa raideur envers le général prussien, dut être choqué de ce silence que rien ne justifie ; aussi, le 6 janvier 1871, le maire et le préfet étant revenus à la charge, il répondit :

« M. le général de Treskow n'ignore pas que mes conditions sont élémentaires..... Les choses doivent donc rester au point où elles se trouvent, à moins que M. le général de Treskow n'accepte les propositions que j'ai faites au président de la Confédération helvétique, et dont je lui ai donné connaissance. »

Ces lignes et les suivantes témoignent de l'indomptable énergie du colonel Denfert :

« La guerre qu'ils nous font (les Allemands) est une guerre de race.

» En présence d'une telle situation, quelle doit être notre conduite ? Etre implacables vis-à-vis de l'ennemi, tant qu'il est debout et en armes sur notre territoire ; ne lui demander

---

sait, il en résultait un fâcheux effet moral dans la garnison. Ce serait bien pis si un parlementaire était envoyé aujourd'hui et pour le but que vous m'indiquez. » (*Lettre* au préfet de Belfort.)

(1) Il est clair que le colonel Denfert ne pouvait laisser l'ennemi poursuivre ses travaux tout à son aise.

aucune grâce quelconque, et n'en accepter aucune de lui [1]. »

Les moyens d'intimidation n'avaient nulle prise sur le caractère de Denfert. Au général de Treskow qui lui demande de se rendre, il répond, le 4 novembre 1870 : « Nous savons tous quelle sanction vous donnerez à vos menaces, et nous nous attendons, Général, à toutes les violences que vous jugerez nécessaires pour arriver à votre but ; mais nous connaissons aussi l'étendue de nos devoirs envers la France et envers la République, et nous sommes décidés à les remplir. »

Le 13 février 1871, M. de Treskow, maître des Perches, y ayant de formidables batteries qui vont broyer tout ce qui reste debout, écrit au commandant supérieur de Belfort : « Je sais que mes nouveaux moyens d'attaque coûteront énormément de sang et que par suite beaucoup de personnes civiles seront atteintes. Je considère donc comme de mon devoir, avant de recommencer mon attaque, et je vous prie de rechef de vouloir bien peser si le temps n'est pas venu où vous pourriez avec honneur me rendre la place. — *Belfort n'est plus à sauver pour la France.* — ..... J'attendrai douze heures. »

Attente inutile ! Le gouverneur, réservant ses derniers obus pour l'assaut, ne daigna pas répondre. Voici ce qu'il écrivait au capitaine Thiers après avoir lu le message prussien :

« Je viens de recevoir du général de Treskow une sommation insolente de rendre la place, sous la menace d'un bombardement formidable dont nous n'avons eu aucune idée jusqu'ici, et qui commencera, si je n'ai pas répondu d'ici à douze heures, par une proposition acceptable de capitulation. Naturellement, je ne répondrai rien. » Beau caractère et noblement français !

Le colonel Denfert garda jusqu'au bout sa fermeté. Un ba-

---

[1] *Lettre* au préfet et au maire de Belfort. — Il avait écrit précédemment au commandant Gély : « Je ne veux avoir, tant que je serai assiégé, aucune communication avec l'ennemi. »

taillon faiblit [1], il le dissout et disperse ses éléments dans d'autres corps ; une compagnie refuse d'aller à l'ennemi ou abandonne son poste, il traduit devant la cour martiale ceux qui la commandent [2]. Il prescrit aux officiers d'user de leur révolver, si la discipline l'exige. Il n'admet pas le découragement. Après avoir consigné les cafés et les auberges où le troupier pérore, il menace l'officier lui-même :

« Que les officiers sachent que j'ai l'œil sur eux, sur leur conduite, et que je serai impitoyable pour les manquements qui me seront signalés, et pour ceux dont le bataillon ou la compagnie se signalera par un esprit de mutinerie ou de mauvais vouloir pour leur service, qui, dans ce moment et en égard aux circonstances, est plus coupable que jamais. Notre situation, sans précédents dans l'histoire, nous impose des devoirs exceptionnels ; soyons-en dignes. »

Sa sévérité atteint jusqu'aux chefs de corps :

« Quand on ne veut pas apporter plus de zèle à son service, dans les circonstances où nous sommes, on n'accepte pas de commandement. »

Cette fermeté, cette sévérité ne l'empêchaient nullement d'être bienveillant : je me souviendrai toujours de la paternelle façon dont il m'accueillit quand, pour la première fois, je franchis le seuil de son cabinet avec les modestes galons de sergent-fourrier ; je fus tout étonné de me sentir si peu embarrassé en face du grand chef et de pouvoir répondre si facilement à ses questions. J'observai avec quelle habileté il sondait son homme et le retournait pour utiliser aussitôt ce qu'il découvrait de bon en lui et de profitable à la défense.

---

(1) Cela arriva au 2e bataillon de la Haute-Saône qui, à part quelques exceptions, s'était dérobé pendant l'incendie de Bellevue, et aux éclaireurs du 45e (compagnie Arnal), trop mous à l'affaire de Bosmont, le 13 décembre 1870.

(2) Exemples : les officiers de la compagnie d'éclaireurs du 57e régiment provisoire ; ceux de la grand'garde de Saône-et-Loire, lors de la prise de Danjoutin.

Il ne négligea aucun secours, réclamant ce dont chacun disposait. Dans sa dédicace de la *Défense de Belfort,* il dit :
« J'ai admis à venir discuter avec moi, non-seulement les officiers auxquels je voulais confier le commandement des positions ou des opérations militaires, mais encore tous ceux qui croyaient pouvoir donner un avis utile à la défense. »

Ce système lui valut de ne se tromper que bien rarement dans ses choix et d'avoir d'excellents lieutenants pour le seconder. D'ailleurs, « chaque fois qu'il fallait nommer à un emploi quelconque, il ne le faisait qu'après mûre délibération, et après s'être entouré de tous les renseignements possibles (1). »

Les détails de défense des ouvrages et des positions extérieurs l'occupèrent constamment.

« La fatigue des troupes, écrivait-il au commandant de Danjoutin, vient de ce que les hommes ne sont pas uniquement préoccupés de leurs devoirs militaires, qui leur imposent de consacrer systématiquement au repos et au sommeil le temps où ils ne sont pas de service, que ce repos se prenne de jour ou de nuit. Ils gaspillent, en n'agissant pas ainsi, une partie de leur énergie. La plus grande faute que commettent les troupes, surtout les mobiles peu expérimentés, c'est d'être toujours plus ou moins désordonnés. Ce désordre se manifeste par l'isolement des efforts des officiers, sous-officiers et soldats... » En signalant le mal, il indiquait le remède.

A Pérouse, à la Gare, il recommandait de ne se point déchausser et d'avoir fusil et sac à côté de soi, la nuit. Il enjoignait aux officiers de se grouper avec leurs hommes le plus près possible de leurs postes de combat.

Même dans l'ombre, son artillerie épiait l'ennemi. Il réunit une commission d'officiers de cette arme pour étudier le meilleur mode de tir (tir concentré sur une seule embrasure, ou tir dispersé). « M. Choulette était de plus chargé d'installer

---

(1) Thiers et de la Laurencie, *La défense de Belfort.*

au Château un appareil d'éclairage électrique, de fabriquer des ballons pour emporter nos dépêches, et enfin de faire disposer une pièce de canon sur une locomotive pour agir le long de la voie (1). »

Il songeait à tout. Lorsque le numéraire manqua, il créa un papier-monnaie ayant cours forcé dans la place : un dépôt de billets de banque en garantissait la valeur (2).

Après le terrible accident du bastion 11, « le gouverneur donna l'ordre aux batteries d'artillerie des enceintes basses du Château de ne plus garder dans leurs abris, près de leurs pièces, que quelques charges pour être à même de répondre de suite aux attaques de vive force (3), » et encore, fit-il placer ces charges dans des caissons entourés de terre.

S'apercevant que les parlementaires, dont M. de Treskow abusait au début du siége, venaient tantôt par une route et tantôt par une autre, Denfert soupçonna une reconnaissance déguisée, et fit savoir à MM. les envoyés allemands qu'il tirerait sur eux, s'ils ne se présentaient à l'avenir par la porte du Vallon : à partir de ce moment, il n'en revint plus.

Il remarquait les moindres choses : les Prussiens ayant, un jour, tiré des obus de petit calibre, il ordonna de vérifier quels projectiles on recevait, pour savoir s'ils ne provenaient point de batteries de campagne substituées aux batteries de siége, en vue de la retraite.

D'une très grande franchise, il instruisait, au moyen de

(1) THIERS et DE LA LAURENCIE, La défense de Belfort.
Le besoin de rails et de traverses pour les blindages rendit inutile la locomotive armée.
Quelques affûts ayant été brisés à Bellevue, par le recul des pièces, Denfert en indiqua la cause : les plates-formes devaient être trop courtes.
(2) Et pourtant certains négociants n'en voulurent pas, ou les prirent comme s'ils nous eussent fait une grâce.
D'autres trafiquants, de cette cité à laquelle nous apportâmes notre or et notre sang, nous demandèrent le 20 0/0 pour le change de nos billets de banque, *même le jour du départ !*
(3) THIERS et DE LA LAURENCIE, La défense de Belfort.

proclamations, la population et la garnison de chaque événement ; s'il se trompait, il osait l'avouer : « lorsque une erreur s'était glissée dans un rapport, il savait écrire publiquement à l'officier injustement accusé, pour le relever du blâme [1]. » Ce trait, à lui seul, révèle un grand caractère.

L'Histoire, Messieurs, dira que le colonel Denfert a bien mérité de la Patrie !

---

[1] THIERS et DE LA LAURENCIE, *La défense de Belfort*.

Besançon, impr. DODIVERS, Grande-Rue, 87.

Carte

LES VOSGES

Massevaux

Sentheim

Gewenheim

Aueilles Bt

Giromagny

Rougemont

Pont d'Aspach

Ge Magny

Strasbourg

Burnhaupt le Haut

Plancher Bt

Pt Magny

Etueffont

Soppe-le-Ht

Burnhaupt le Bas

Champagney

Chaux

Anjoutey

La Chapelle s. Roug

Soppe-le-Bas

Ch. de fer de Paris

Rte

de

Dietmatten

Bas Evette

Etueffont

Traubach le Haut

Balschwiller

Frichier

Traubach le Bas

Paris

Fontaine

Chènebier

Essert

Mulhouse

Bue

Prais

Dannemarie

Héricourt

Fousse magne

de

Fer

Mulhouse

Largue

Montbéliard

Delle

Doubs R.

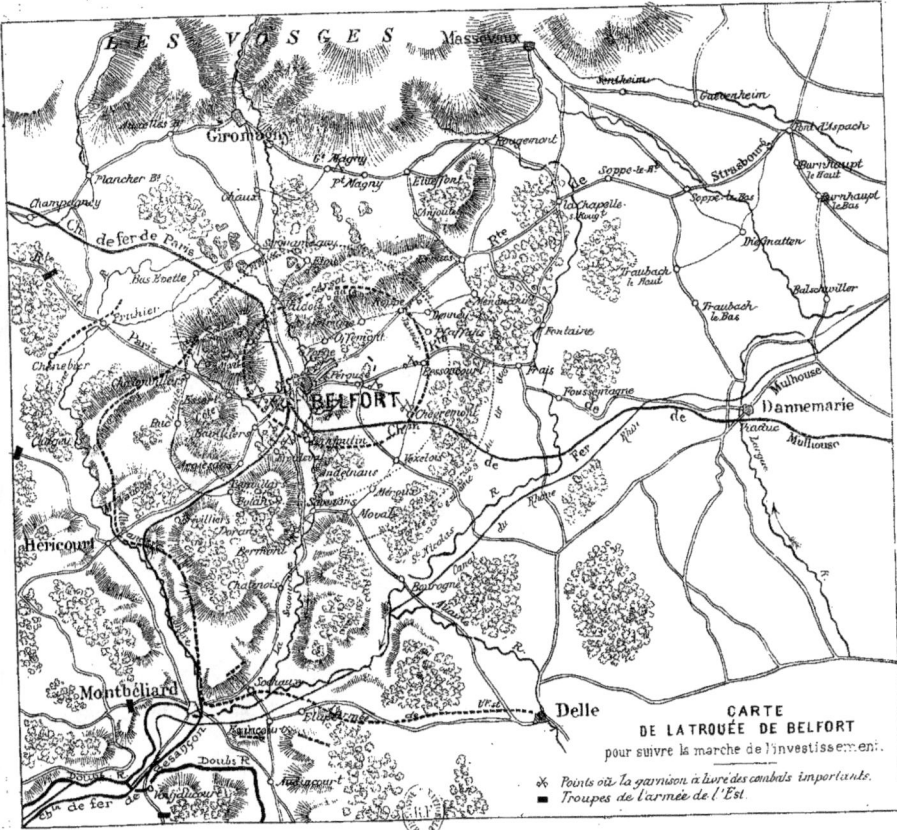

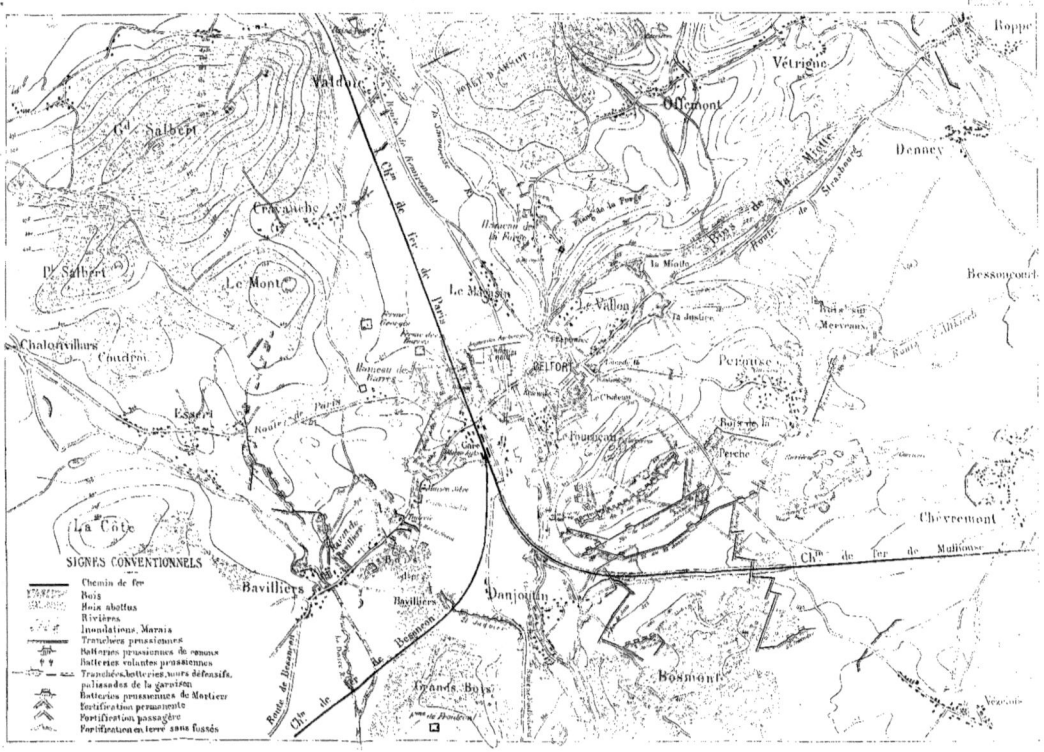

SIGNES CONVENTIONNELS

Chemin de fer
Bois
Bois abattus
Rivières
Inondations, Marais
Tranchées prussiennes
Batteries prussiennes de renvoi
Batteries volantes prussiennes
Tranchées, batteries, murs défensifs, palissades de la garnison
Batteries prussiennes de Mortier
Fortification permanente
Fortification passagère
Fortification en terre sans fossés

www.ingramcontent.com/pod-product-compliance
Lightning Source LLC
LaVergne TN
LVHW022129080426
835511LV00007B/1085